生徒指導学研究

第18号

〈特 集〉

子どもの“いのち”を守る生徒指導

『生徒指導学研究』第 18 号・目次

特集◆子どもの“いのち”を守る生徒指導

研究論文

実践研究報告

書評・資料紹介

学会会務報告　他

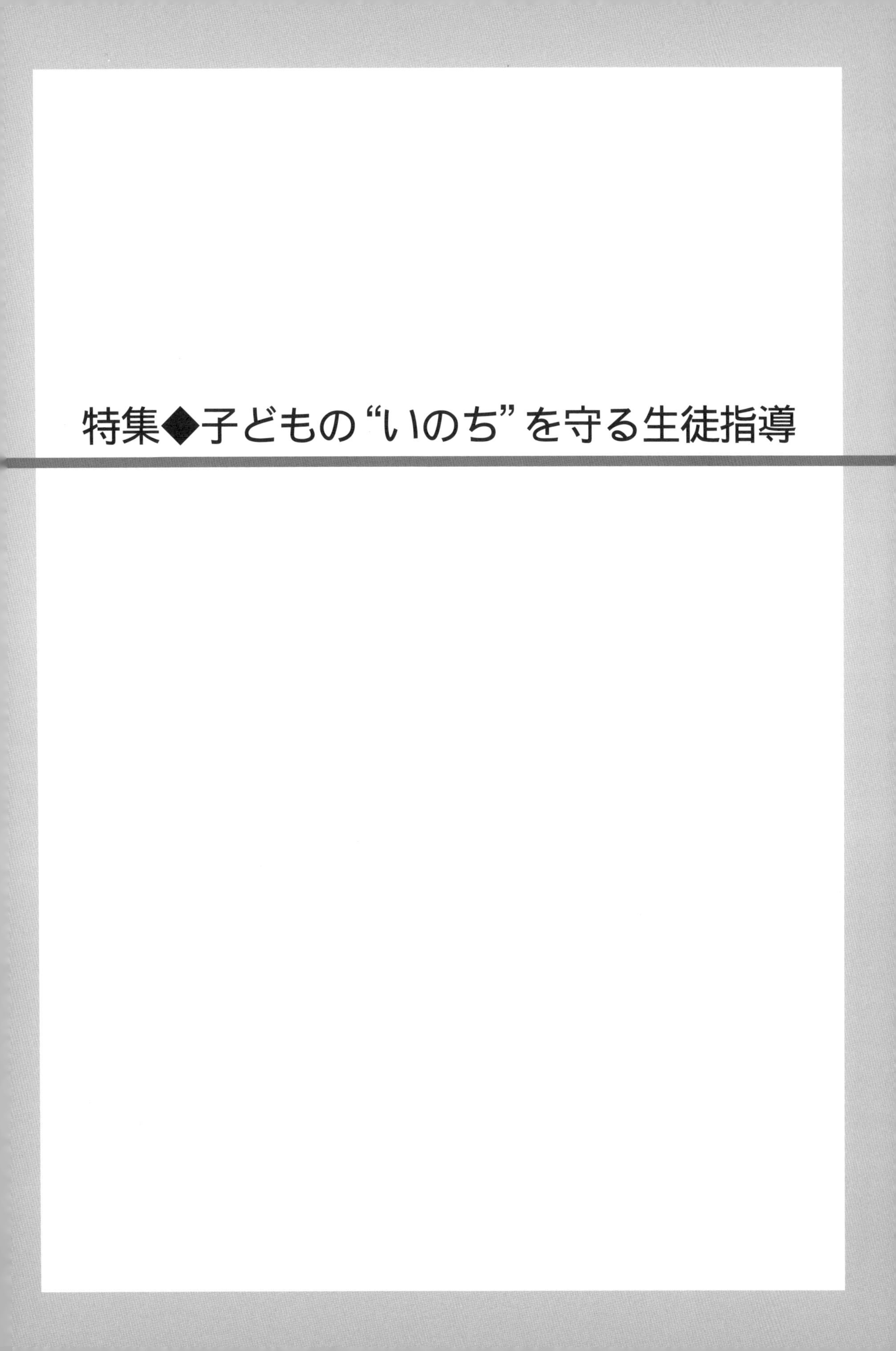

特集◆子どもの“いのち”を守る生徒指導

特集の趣旨

新井 肇（機関誌編集委員長・関西外国語大学）

学校は、児童生徒が夢を育み、将来にわたって自己実現をめざすための学びの場である。そのために、本来的には「生きたい」と願う児童生徒の心と身体の安全・安心を保障することは、学校に課せられた使命と言える。しかし、現在の児童生徒を取り巻く状況をみると、災害、事故、事件など、子どもの“いのち”が脅かされる多くの危機が存在しているというのが現実である。

2011年の東日本大震災は言うまでもなく、2018年には、6月の大阪北部地震、7月の西日本豪雨、9月の北海道地震、と日本列島の各地で自然災害が発生し、少なからぬ児童生徒の命が失われた。また、7月には愛知県豊田市で、校外学習後に熱中症で児童が死亡するという事故も起きている。

2019年に入ると、5月に滋賀県大津市の横断歩道で待機中の園児の列に車が追突するという事故、同じく5月に神奈川県川崎市では、通学途中の児童と保護者に対する通り魔殺傷事件が生じている。また、1月には千葉県野田市で、6月には北海道札幌市で、8月には鹿児島県出水市で、子どもの虐待死が相次ぐという深刻な状況もみられる。

このように、児童生徒の生命を取り巻く危機として、地震や台風などの自然災害や通学中の交通事故、インフルエンザや感染症などの健康被害はもとより、児童虐待や体罰などの大人による子どもの人権侵害行為も後を絶たない現実がある。また一方で、このような外的要因による危機とともに、成長途上にある児童生徒自身が内包する危機も深刻な様相を呈している。暴力行為、いじめ、薬物乱用、デートDV、自傷行為、自殺など、他者や自分自身を傷つける事象が後を絶たず、発生率はいずれも上昇傾向を示している。

これらの危機に対して、学校は、いじめであれ、自傷行為であれ、虐待であれ、また、巻き込まれ事件や交通事故など不慮の事故であったとしても、当事者のみならず周囲の児童生徒をも対象として、危機をしのぎ、問題を解決するための指導や支援、心のケアなど、必要な対策を講じるよう努めてきた。時には、個人への影響のみならず学校コミュニティ（児童生徒・保護者・教職員・地域の人々）の機能不全が生じる深刻な危機に際して、二次的な被害及び損失の拡大を防止することにより「安全で安心な学校」を実現するという難しい対応を求められることもある。また、事後の対応だけでなく、生命のリスクから児童生徒を守るために、交通安全教室や暴力防止教室等の実施、薬物乱用防止教育や自殺予防教育等の具体化にも取り組んできた。しかし、少子化や核家族化などの家族の変容、情報化やサービス化の進行による急激な社会変化を背景に、学校及び教職員は、想定外の危機や正解が見えない難しい生徒指導上の課題が山積するなかで、答えの出ない問いを抱えながら現実対応を迫られるという厳しい状況に置かれている。

そこで、生徒指導学研究第18号においては、こうした状況のもとで苦闘する学校および教職員、また、教育委員会等の教育行政機関は、児童生徒を“いのち”のリスクから守るために何ができるのか、生徒指導学会としてどのような貢献が可能なのか、という点について明らかにするために、『子どもの“いのち”を守る生徒指導』という特集テーマを設定することにした。

鳴門教育大学の阪根健二氏からは、『生徒指導における危機管理の在り方を考える』と題し、実際の学校現場においてみられる危機管理上の課題について、管理職による「学校管理」という観点からではなく、最前線の教職員に求められる危機管理の発想や意識という観点から論じていただき、児童生徒の“いのち”の危機への対応のための方向性と課題についての貴重なご示唆をいただいた。

桃山学院大学の金澤ますみ氏からは、『ソーシャルワークの視点から見た学校構造の課題―なぜ、生徒は先生に相談できないのか―』と題し、貧困や虐待のなかで児童生徒の“いのち”守るための生徒指導を進めるうえでの大前提として、スクールソーシャルワーカーと教職員が協働して大人に相談しやすい仕組みをつくるという観点から学校環境を整備することの重要性と、「児童生徒が相談できる力を育む教育」の可能性について論考していただいた。

東京家政大学の相馬誠一氏からは、『いじめの深刻化を防ぐ』と題し、いじめの現状と「いじめ防止対策推進法」の意義をふまえたうえで、いじめの深刻化を防ぐための学級経営のあり方、スクールカウンセラー・相談員の役割、学校と地域の連携の方向性について、論じていただき、今後のいじめ問題への取り組みにおける貴重なご示唆をいただいた。

関西外国語大学の新井肇（機関誌編集委員長）は、『子どもの自殺予防と生徒指導―開発的生徒指導の視点から自殺予防教育を考える―』と題し、児童生徒の深刻な自殺の実態と国の施策の動向をふまえたうえで、「児童生徒の自殺を防ぐために学校教育においてできることは何か」ということについて、個別の児童生徒への危機支援にとどまらず、すべての児童生徒の成長支援をめざす開発的生徒指導の視点から論及した。

最後に、京都府立洛南病院副院長の川端俊樹氏からは、『依存症と教育』と題し、薬物依存症の治療に携わってきた経験をもとに、依存症の医学的理解と薬物乱用防止教育のめざすところについて具体的に論じていただいた。なお、執筆にあたって、編集委員会から「教職員向けの講演録のような形の原稿でお願いしたい」旨の依頼をしたことにより、文体が語り口調になっていることについては、ご理解をいただきたい。

今回の特集論文が、子どもの“いのち”を守る生徒指導の方向性と課題を明らかにし、具体的実践および理論的研究の発展に資することを期待するとともに、今後の生徒指導の推進につながることを願っている。

特集　子どもの“いのち”を守る生徒指導

生徒指導における危機管理の在り方を考える

Think about the way of Risk Management in Student Guidance

阪根健二（鳴門教育大学）

1．はじめに

近年、想定外の事案が発生するたびに、危機管理体制が不十分ということで、思わぬ責任が問われることがある。特に学校においては、生徒指導の問題を中心に、その対応によっては、組織そのものを揺るがす事態が起こっている。

しかし、実際の学校現場では、対応に苦慮する事態が発生しても、どう対処すればよいのか分からず、対応がシステム化されていないため、収拾がつかない状況に陥ったり、教職員においても危機意識が薄かったりと、様々な課題があるように思われる。

つまり、危機対応能力が十分に醸成されている環境にあるとはいえないのである。これは、学校の組織上の特異性や学校文化の独自性に起因しているものと思われるが、そのために教職員研修においては、危機管理という視点を随所に盛り込み、危機に対応する努力を重ねてきた。しかし、「学校管理」という範疇として動いてきたため、管理職の資質として捉えがちであった。一方で、生徒指導における問題は、個々が1次的な対応を行うことが多いため、最前線の教職員こそ危機管理という発想や意識が必要であるといえる。ここでは「生徒指導の危機管理」とは何かについて論考する。

2．危機管理の考え方

「危機管理」の英訳では、Crisis Management が使われることが多いが、これは事案の発生や事態の急変における危機対応を示している。つまり、事中・事後の危機管理という発想であり、これまでの学校現場の実態と合致する面がある。しかし、一般的には、事案発生後の対応だけでは不十分であることが明白なため、これを広く捉え、Risk Management と訳すことが多い。つまり、総括的な危機管理を示しており、特に事前からの対応を重視している。そこで、危機的な状況に対して、迅速かつ的確な対応が必要として、その対処方法をシミュレーションしながら、予防策とダメージコントロールを事前に準備するが、特に企業では、危機的な状況

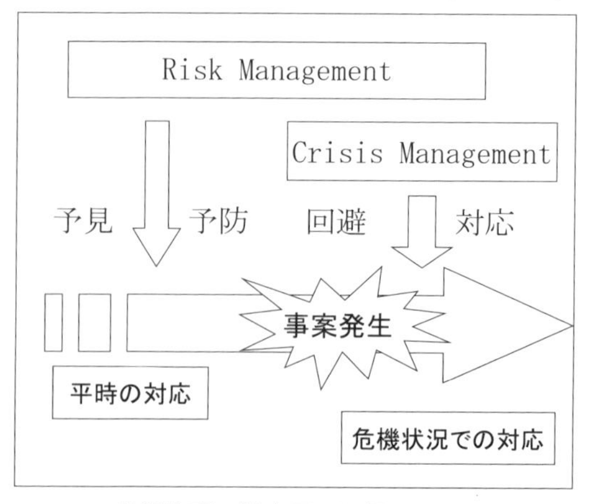

危機管理の概念図（阪根　2010）

の回避のための準備と対応がなければ、組織の存続問題に発展すると考え、部署や担当を設置し,危機管理を定着させてきたものと思われる。

一方で、学校という組織は、存続問題にまで発展することがほとんどなく、危機管理はなかなか定着しなかった。ただ、社会の急激な変動の中で、学校といえども、これまで想定していなかった事態が発生し、その対応に苦慮することが当たり前となってきたため、危機対応能力が教職員の資質において必須条件となってきた。

この危機管理の発想は、学校内にそう簡単に根付くことは難しい。また、企業等での危機対応とは違った視点があるため、「学校危機管理」という、独自の領域が生まれてきたといえる。

3．学校で危機管理が定着しない理由

学校の指針や指導理念を表す「学校目標」は、子どもの望ましい人格形成や社会の理想を掲げており、極めて価値的であり抽象度の高いものである。こうした抽象度の高いレベルは、意外に共通理解は図れるものだが、具体的な取組では教師によって異なる傾向があり、足並みが揃わないという事態が発生しやすい。

これまでの学校では、そこで生じた様々な問題に対しては、個々の能力や経験によって、ケースごとに対処されてきた。いわゆる職人的な動きであり、これがうまく機能してきたのである。ところが、想定していなかった状況に遭遇すると、教師自身の手持ちの教育観で対応することが難しくなるため、それぞれに齟齬が生まれ、逆に頑なな手法に終始してしまう傾向がある。このため、学校組織においては、危機管理の意識を定着させるためには、教師集団にある特殊な構造を前提に考えることが必要なのである。また、意思決定の最終段階である管理職などのスクールリーダーの危機認識にも個々の差が顕著であり、これまで勤務した学校の困難度が経験知となり、それを基準とした判断がなされる傾向が強い。これもある意味仕方がないことではあるが、現実にはそれを判断基準とすることには大いなる危険性があり、結果的に対応が後手に回ってしまうことがある。

その上、児童生徒が主体の組織形態のため、そこでは保護的な意識が先行し、児童生徒への事前の働き掛けを躊躇する傾向が強く、事案の発生において、主体者へのコントロールがほとんどできていない状況がみられる。これが混乱に輪をかけることになる。また、保護者への配慮も欠かせない。この現状では、企業における危機管理手法が、そのまま学校現場に当てはまらないことを示している。では、どう対応したらいいのだろうか。

4．生徒指導における危機とは

様々な危機に対応するため、まず、どういった問題や課題があるか整理する必要がある。学校で作成されている「危機管理マニュアル」の多くは、災害や事件・事故、そして不審者対応などがあげられる。それ以外にも、NBCR災害を対象とした都道府県もある。NBCR災害とは、核物質（Nuclear)、生物剤（Biological)、化学剤（Chemical)、放射性物質（Radiological）によって引き起こされる災害（戦争、事故、テロを含む）の総称である。このように、社会の動きや国際情勢が、学校の危機管理においても大きな影響を与えているといえよう。

そもそも危機管理マニュアルは、「危険等発生時対処要領」として、危険等が発生した際に教職員が円滑かつ的確な対応を図るため、学校保健安全法に基づき、全ての学校において作成が義務付けられているものである。文部科学省では、事件や事故、自然災害への対応に加えて、近年の学校や児童生徒等を取り巻く様々な安全上の課題への対策のため、「学校事故対応に関する指針」（平成28年３月)、「第２次学校安全の推進に関する計画」（平成29年３月閣議決定）等を踏まえ、従前の参考資料を基に「学校の危機管理マニュアル作成の手引」（平成30年２月）を発出してきた。しかし、いずれも学校安全が

中心であり、生徒指導面から考えると、やや異なるものである。生徒指導に特化して考えると、生徒指導提要（文部科学省）や生徒指導リーフ（国立教育政策研究所生徒指導・進路指導研究センター）などに、個々の対処法が記載されているため、これが指針だといえるだろう。

こう考えると、生徒指導における危機への対応は、いくぶん未整備な部分が多いといえる。これを正確に捉えるために、その危機の対象をどう考えるかがポイントになろう。そのため、まずは各都道府県教育委員会が作成しているマニュアルを参照することから始めたい。これは、学校における危機を網羅しており、それぞれの地域で課題になっている危機を定義・分類化しているものであり、必携の資料である。ここで重要な視点は、危機の主体はあくまでも「児童生徒」であり、その基盤として、学校や教師への信頼関係がある。これが生徒指導のリスクマネジメントの本質だと考える。どうしても、生徒指導の危機となると、教職員の対応手法にのみに注目を集めがちだが、どんな場合でも、子ども中心という意識をもっておかないと、保身に走ってしまい、その後の対応に苦慮するのである。

一例をあげておこう。生徒指導に特化した危機管理マニュアルとして、山口県教育委員会の『問題行動等対応マニュアル～児童生徒・保護者との信頼関係の一層の構築を目指して～』が好例である。

ここでは、事例別マニュアルとして、①重大事案発生時の基本的な対応（重大少年事件、児童生徒の死亡等）、②生徒間暴力・対人暴力、③対教師暴力、④器物損壊、④学級崩壊と続き、⑥いじめ防止対策推進法＜山口県いじめ防止基本方針＞、⑦いじめ認知・対応、⑧インターネットの誹謗中傷等、⑨男子児童生徒の性の逸脱行動、⑩女子児童生徒の性の逸脱行動、⑪万引き、⑫校内での盗難、⑬薬物乱用、⑭家出と網羅している。また、対応策として、①小中／出席停止、②懲戒処分〈高／停学・小中高／訓告〉、③高／中途退学〈問題行動等による自主退学勧告・懲戒退学〉、④高／中途退学〈自らの申し出〉とあり、⑤児童虐待、⑥自殺予告・自殺予防〈子どもの発するサインとその対応〉、⑦警察による逮捕・事情聴取等に関わること、⑧保護者・地域からの苦情等の対応、⑨緊急保護者会の開催、⑩重大事案発生時の報道機関への対応と、いずれも緊急を要することや、命に関わる内容を基本に、分かりやすく整理されている。県内で発生した事件や事故の教訓が色濃く反映されているものと思われるが、別途にいじめや不登校などの生徒指導のマニュアルを作っており、ここでは時系列や優先順位を意識しており、実践的な示唆に特徴がある。

このように、学校にはあらゆる問題があり、それぞれの対応に微妙な相違はあるものの、いずれも学校生活において、児童生徒が被害側あるいは加害者側になった場合は、生徒指導の問題として、多くの教職員が経験してきた内容だといえよう。しかし、これが事故なのか、故意なのかによって、その後の対応が大きく変わってくる。また、個々の教職員において、危機状況に立ち向かった経験には大きな差異があり、マニュアル等からはイメージできないものもある。そこで、それぞれの問題事案によって得た経験を、教訓として知らせておく必要があるが、これまで実際の事故や事件を教訓にするという作業は、学校現場では馴染まない。そこで、各教育委員会がマニュアルを作成し、それを共有させようという意図があるといえよう。

特に、生徒指導の問題は、児童生徒等の個人情報があるため、その扱いは極めてセンシティブなものであり、また、危機対応においては、前述したように、教師個々の主観だけで対応することが多い事案である。そのため、時に現場での判断を鈍らせることもあり得る。「例年、大丈夫だったから」という判断のため、思わぬ大きな事件・事故を招くこともある。その意味で言えば、危機管理能力の高い教職員は、過去の豊富な経験を意識しながらも、個々の状況に合わせて、柔軟性をもって、今どう問題や状況に適用したらよいかを瞬時に判断し、実行に移せるのである。その経験がない場合は、マニュアルなど他例を参考して対応すべきであろう。

5．生徒指導の危機に対応するために

生徒指導の危機に対応するためには、マニュアルの活用だけでなく、児童生徒が関与する問題の背景や意識を感じ取れる「感性」が必要である。こうした感覚を磨くには、行事や活動の直前だけでなく、平素から他校の事例や対策、そして、新聞やテレビで報じられるニュース等に敏感になり、「なぜ、こうした事件や事故が起きてしまったのか」、「どうすれば回避できたのか」を常に考え続けるより他にない。

仮に、インターネットによる犯罪などは情報化社会の中で生まれた新たな問題事例であるが、こうした「新たな課題」に学校は弱い。その解決法は確かに難しいといえるが、何が問題なのかを整理しておけば、対処も可能となるといえよう。そのために、まずは生徒指導の知見を獲得する必要があろう。

では、知見の習得と保持において、どのような手法が考えられるだろうか。一例として、以下の手法や手順が有効であると考える。これは、リスク評価の手法である。

①実際に発生した事案から、対応等を情報収集する
②危機管理的な側面を洗い出し、これまでの対応との比較検討する
③分析・検討をもとに、教訓を鮮明にする。
④教訓から、危機状態をシミュレーションして、全職員と情報共有する。
⑤共有した視点を実際に生かすため、予見行動を行う。

ここでは、仮に他校で発生した問題事例があれば、自分の学校の実態や課題と比較検討することから始める手法である。そして、その結果を全職員と情報共有することで、実践につながる。ただ、人間はたとえ分かっていても、実感が湧かないと動かないものであり、自分の学校には関係ないと思い込むと、結果的に危機管理対応が手遅れになってしまうことがある。これが他校での教訓が生かされなかったという事例の典型なのである。いじめ問題や体罰問題が今なおうまく対応できないのも、こうした点からである。そこで常に、その時点で社会問題となっている事例については、自分の学校に照らした検証が行われるべきであり、その検証手法を上記の手順に従って、その都度念入りに実施することにより、危機対応能力の基盤となる知見が獲得できるものと考える。

まずは、各種の事例に関心をもつという姿勢が重要である。付け加えるならば、マスコミに大きく報道された問題ほど、身近に連鎖する可能性があるということも意識しておく必要がある。このような意識面を重視するというところが、危機対応能力向上の基盤となっており、学校という特殊な組織内では重要な視点だと考えられる。

生徒指導の問題では、事案発生時点で初めて考えるという傾向がある。そうなると、経験則が対応の基本となりやすいが、ベテラン教員の多い時代には、これで十分機能してきたといえよう。現在は若年教員の増加によって、個々の対応だけでは難しくなったため、チーム学校という発想が中核になったものといえよう。

そこで、情報を共有するための会議を増やし、研修を強化すべきという意見もあるが、働き方改革の現代では難しく、研修強化という点だけでは不十分だといえよう。結論からいえば、このままでいいのかという危機意識であり、これがあれば、危機管理体制が飛躍的に向上するのである。その上で、危機対応のポイントや手法という知識を共通理解していきたい。

6．危機対応のポイントを整理する

生徒指導での危機対応においては、「こうい

う事態にはこうする」といった１つの答えがあるとは限らない。児童生徒の動きは予測しにくいファクターが多く、流動的なリスクが学校には多い。しかし、「こういう事態が起こったときこの種の対応を怠ると、事態がより深刻になる」という視点ならばはっきりしてくる。つまり、失敗事例が重要なのである。そのため、実際にトラブルを乗り越えた学校や、先進的に対策に取り組んでいる学校がどのような課題に直面し、何が功を奏したのか、特にどんな「失敗」があり、それをどう克服したか、現場の声をできる限り収集することが重要であろう。ここから収集した知見が、実際の事案の発生時に必ず生かされるのである。研修では、こうした学校場面を例として整理しておき、自分の学校にあてはめてみることが効果的である。その際に、何が問題だったのか、どういった教訓があったのかを、分類化して提示しておく必要があろう。しかし、こうした研修は教員文化の実態からはなかなか難しい。ここに知恵が必要なのである。

危機管理の視点は、事前の危機管理（予防的措置）と事後の危機管理（ダメージコントロール）との両方である。基本は“予見”“予防”“回避”“対応”というカテゴリーで考えればいい。ここで大切なことは、緊急を要する案件なのか、対応手順をしっかり構築するものなのかを判断することが重要である。つまり、「優先順位」も危機対応には重要な要素である。仮に、児童生徒の危害が加わる状況が予測される場合、緊急度が一層高くなるため、悠長に言っていられる時間もなく、即座の対応が求められるのである。

７．教師の指導の最適化を図る

生徒指導の問題は多岐にわたる。問題行動に対応するためには、それぞれ問題行動についての知識を取得しておかないといけないと考えるが、時間的な余裕がない。2008年、ドイツで開催されたISSBD（国際行動発達学会）において、筆者は自主シンポジウムを企画した。そこでは、国内外の研究者に、いじめ問題への教師のあり方について問題提起を行い、研究者たちの意見を聴取した。その結果、国内外の研究者は異口同音に、「①教師の知識習得」、「②行動研究や実態調査」、「③教員養成と教員研修」の重要性を示した。つまり、教師の知識の有無は、教師の立場・認知・目標・期間・両親との協調に少なからず影響を与える可能性があり、行動研究（実態）調査は、その後の対策を立てることに必要であること、そして、教員養成と事後研究の組み合わせが有効だということが浮き彫りとなった。こうした指摘は、世界も日本も同じ問題意識であることに驚きと安堵を感じたが、これによって、生徒指導において、教職員研修の改善が特に重要であることが明確となったのである。つまり、研修もシステム化が必要だといえる。

これを機に、その後の10年あまり、教師の対応の最適化について研究してきたが、様々な教育課題に対しては、いずれの場合も、教師の関与と指導方略が必要であるが、煩雑さがあり、それを最適化することが欠かせないことが分かってきた。

そこで、課題に対応するための新たな枠組みを考えてみる。仮に、新たな課題に対峙したとき、それに対する知識や経験がなければ、解決に至ることは難しい。つまり、教師のスキーマ（schema；新しい経験をする際に、過去の経験に基づいて作られた心理的な枠組みや認知的な構え；大辞林第三版）を獲得・広げておく必要がある。それを効率よく、効果的に習得するために、大学・大学院は、その役割を果たすものとして有効だと考えられるが、現場でも可能だ。

特に、教師の指導の最適化とは、①なぜ、そうした課題があるのか、課題の背景は何かを把握、②その解決のための知識を習得、④適切と思われる方針・計画の立案、⑤実践に向けての設計と選択、⑥実践、⑦検証という流れであり、現在の教職大学院学修システムが、これにあたる。これを現場型にカスタマイズさせたい。

一例をあげると、全国の教員441名に質問紙調査（2016年）を行った結果、『「セクシュアルマイノリティ」という言葉の定義を知っていますか』という設問では、56.5％の教員から「知っている」という回答を得た。徐々に認知されていることが分かったが、『「性的指向」と「性自認」の違いが分かるか』となると、21.3％であり、理解の中身は十分ではないことが分かった。教員研修等で理解は深まりつつあるものの、詳しい内容までには到達していない。こうした結果は、過去においても「いじめ」の定義に関するズレが、研究者と実践者の間の誤解を生じさせてきたように、異なる言語間だけではなく、同じ言語を使用している人の間でも立場が違えば、解決に向けての協働を阻害することがあることを示している。そこで、研修等でコミュニケーションをしっかりと図りながら、自分のもつ認識と実際の知識のずれを確認していくことが必要であり、これが生徒指導の研修の在り方であろう。

また、モンスターペアレンツに代表される保護者対応に苦慮しているケースも少なくないが、これらは、保護者との関わりが根底にあり、互いの信頼関係の崩壊から始まっている。説明責任が果たせていないといえよう。生徒指導の場合、誰が悪いと犯人探しよりも、何が問題かという原因探しが重要であり、そこに生じるリスクをしっかりとアセスメントする必要があろう。これも単なるクレーム対応という手法から、背景を知るという作業が基本になる。

8．おわりに

現代の生徒指導において、LGBTへの理解も欠かせない。LGBTは、Lesbian（レズビアン）、Gay（ゲイ）、Bisexual（バイセクシュアル）、Transgender（トランスジェンダー）の、頭文字で表されているものであるが、そこに当てはまらない人の存在から、「LGBTQ」と表現されることがある。こうした知識を知るだけでは、何の対応にもならない。

この「Q」とは、Questioning（クエスチョニング）とか、Queer（クィア）の意味だが、学校現場では、おそらく「クエスチョニング」の児童生徒が多いものと思われる。まだよく分かっていない、自分のアイデンティティがはっきりしないことであり、例えば、性別に違和感があるのか、好きなのは異性よりも同性が多いのか、自分は何だろうかという思いがあるケースが主だろう。それゆえに子どもは悩んでいると考えた方がいいように思われる。こうした実態や背景を学び、それを知識として取得していれば、教師は、「少し悩んでいるのかな」、「少し他の人と違うって思っているのかな」という感じで、温かく捉えていくことが可能となる。子どもにとって本質まで理解してくれているという安心感が生まれる。鳴門教育大学では、こうした実態から、「LGBT+（プラス）」と表現している。ここで必要なことは、Ally（アライ：同盟者、協力者の意）の存在であり、セクシュアルマイノリティに好意的で、彼らの生き方や活動を支援する立場として、教師がその一員であることが表明できるわけだ。これは、生徒指導全般にいえることであり、「居心地の良い学校づくり」という視点に立てば、全てを包含できる能力が醸成されるのである。

＜註＞

（1）近刊予定の『生徒指導の最前線シリーズ／生徒指導のリスクマネジメント』（学事出版）に、生徒指導の危機管理の事例も含め、本稿についての詳細を記述している。

（2）LGBTに関する記載は、「LGBTに関する教師の関与と指導方略の最適化について、科学研究費助成事業基盤研究（C）16K04771」、（研究代表者：阪根健二）の研究成果によるものである。

<引用・参考文献>

1）葛西真記子、小渡唯奈「性の多様性を認める態度」を促進する要因―セクシュアルマジョリティへのインタビュー調査―、鳴門教育大学研究紀要、第33巻、2018

2）拙著「危機管理能力とセーフティネットの構築」、『学校の研修ガイドブックNo.1「リーダーシップ研修」』、教育開発研究所、2004

3）拙編著『学校の危機管理最前線』、教育開発研究所、2009

4）拙著「学校の危機対応能力とは」、教育と医学、教育と医学の会,慶應義塾大学出版、2010

5）『大辞林』第三版、三省堂、2015

6）文部科学省「学校の危機管理マニュアル作成の手引」の作成について http://www.mext.go.jp/a_menu/kenko/anzen/1401870.htm（平成30年改訂）

7）山口県教育委員会の『問題行動等対応マニュアル～児童生徒・保護者との信頼関係の一層の構築を目指して～』（平成28年改訂）

特 集　子どもの“いのち”を守る生徒指導

ソーシャルワークの視点から見た学校構造の課題

― なぜ、生徒は先生に相談できないのか ―

Challenges of school from the perspective of social work
: Why don't students ask their teachers for opinions and advice?

金澤ますみ（桃山学院大学）

はじめに

私は、2005年度から小学校にスクールソーシャルワーカー（以下、SSW）として勤務することになった。それから十数年間でその他の小中学校、高等学校、特別支援学校などさまざまな校種の非常勤SSWとして活動をしてきた。その活動を通して見えてきたのは、義務教育のスタートの段階で教育の機会均等を奪われている「学校以前」の生徒たち[注1]の暮らしと家族の苦悩であった。そして、小学校段階から「学び」を保障されていない生徒たちの不利が高校進学後の生活にも影響を与えている実態である[注2]。

ソーシャルワークのグローバル定義では「ソーシャルワークは、社会変革と社会開発、社会的結束、および人々のエンパワメントと解放を促進する、実践に基づいた専門職であり学問である。社会正義、人権、集団的責任、および多様性尊重の諸原理は、ソーシャルワークの中核をなす。ソーシャルワークの理論、社会科学、人文学、および地域・民族固有の知を基盤として、ソーシャルワークは、生活課題に取り組みウェルビーイングを高めるよう、人々やさまざまな構造に働きかける。この定義は、各国および世界の各地域で展開してもよい」[注3]とある。

この定義にあるように、SSWとしては、学校以前のその暮らしの中から関係を築く糸口をみつけ、つながれる人や場所を探したり、利用できる制度やサービスを紹介したりするというかかわりを目指してきた。このかかわりはソーシャルワーカーの活動の中核ではあるが、同時に、生徒たちはなぜ困難に陥ってしまう前に先生に相談することができないのかという課題に向き合う必要性も感じていた。私はその要因の一つに学校構造上の課題があると考えている。ソーシャルワーカーが「さまざまな構造」に働きかける職種であるというとき、SSWには、教職員と協働して生徒が大人に相談しやすい仕組みを作るという観点から学校環境を整備していく使命があるのではないだろうか。それが、生徒のいのちを守る生徒指導の大前提だと考える。

そこで本稿では、私のSSW活動を通して見えてきた生徒やその家族が抱える課題と、生徒が学校の教職員に相談できない学校構造上の課題との関連を示す。そのうえで、学校現場で取り組める「生徒が相談できる力を育む教育」の可能性を提示する。

1.「学校以前」の暮らしに向き合う

(1) スクールソーシャルワーカーが教員から受ける相談

私がSSWとして小中学校の教員から受けた相談の多くは、欠席が長期に渡っており、子どもや保護者が「いま、何に困っているか」わからないというものであった。また養護教諭からは健康が気になる生徒のうち、特に「むし歯が多く噛み合わせも悪い。未治療」、「健康診断を受けていない、または、その結果を受けての未治療」、「肥満のため糖尿病等の心配」などで、保護者に医療機関の受診をお願いするが、受診してもらえないというようなものが多かった。高校のSSWが教員から受けた相談は、「アルバイトが優先されて遅刻が増えている。アルバイト収入は保護者の借金にあてられているようだ」とか、「万引きを繰り返しており、警察とも連携をとっているが行動が改善されない。知的障害も疑われるが支援を受けたことがないようだ」など、福祉課題がより明確な相談が多い[注4]。

そのいずれにも共通していることは、SSWが教員から話を聞いた時点では、生徒や保護者からの相談意思が示されていないことである。そのため、「本校にSSWが着任しました。困っていることがあれば、相談されませんか」というなげかけでは、SSWが保護者と会うことさえできないことが容易に想像できる事例ばかりであった。

そこでSSWが生徒や保護者に会おうとする前に重要になることは、生徒たちが学校生活を送るうえで生じる問題が彼らの置かれた生活環境とどのように関係しているかを見極め、その状態に応じた彼らの教育保障と生活支援を目指すという手順である。これは、学校ソーシャルワークの視点に基づいたアプローチである。

(2) ネグレクトと保護者の苦悩

学校ソーシャルワークの視点で、生徒にかかわる教職員が協働して情報を紡いでいくことで、学校で見える生徒たちの心配な状況と、家庭の暮らしとの重なりが立ち現われてくる。先にあげた養護教諭の心配ごとは、生徒がネグレクト状態に置かれている状態ともいえる。

ネグレクトとは、本来、人間が生きていくうえで必要なもの（衣食住、声かけやまなざしなど）が与えられないことを意味する。つまり、人間の成長発達に欠かせない「かかわり」がない状態が続くということだ。日本語では「養育拒否・育児放棄」と訳されることが多いため、保護者が意図的に何もしていないような印象を強く受けるが、実際には、保護者は努力しているが、十分なかかわりが「いま、できない状態にある」ということのほうが圧倒的に多い[注5]。

例えば、ひとり親家庭のある母親はDV被害から転居を繰り返していた。別の保護者は両親共に知的障害があり、洗濯や料理など子どもの養育に必要な家事が難しかった。仕事も雇用主が求める役割が担えず続かない。生活保護費を受給することになったが、金銭管理が難しいため計画的な使用ができず、保護費支給日前には食費にも影響が出ていた。ほかには、母親が長期入院をすることによって、父親に家事、看病、子どもの養育が集中してしまい、仕事を減らさざるを得ない家庭があった。父親は収入が減少し、疲れを紛らわせるために飲酒量が増え、アルコール依存が悪化していった。このような保護者に共通していたことは、保護者自身にも支援が必要な状態であるが、頼れる親戚や友人がおらず、地域からも孤立していることである。

(3) 子どもの成長発達への影響

このような暮らしが子どもにとって当たり前の生活になると、子どもの成長発達に大きな影響を及ぼす。例えば、①【無気力】「危機」に陥ったときに訴えても状況が改善しないことが継続すると、SOSを出すことをあきらめる。②【無関心】危機的状況が日常化していると、その暮らしが当たり前となり、他者への関心が育たない。③【自尊心が育たない】「ありがとう」と言われる関係性に身を置いたことがないなどである。

私が出会ってきた生徒たちの多くは、小学校入学以前からこのような状況で暮らしてきただろうと推察された。その生徒たちに共通していた特徴は以下のようなことであった。

イ）日常の暮らしの中で、身近な誰かに自分のこと（考え）を話す経験が少ない。

ロ）困ったことが起きたときに誰に聞けばわかるのか、教えてもらった機会がない。

ハ）相談をしたら、そのあとどうなるのかがわからない。

ニ）保護者自身も、イ）～ハ）の体験を有している。加えて、相談先の情報が届いていない。

つまり、保護者も生徒も「相談をしてよかった」という体験を持たないまま学校年代を迎えているのである。

2．相談できない学校構造の危機

(1)　相談するという行為の意味

相談と深い関係にあるものとして、文部科学省による『子供に伝えたい自殺予防（学校における自殺予防教育導入の手引）』がある。手引きには、学校における自殺予防教育の目標として「早期の問題認識（心の健康）」「援助希求的態度の育成」が示されている（注6）。また、2018年には文部科学省および厚生労働省が児童生徒の自殺予防対策として、教科等の授業の一環で「SOSの出し方に関する教育」を少なくとも年1回実施するよう求める通知が出された（注7）。

ここで援助希求的態度の一つである、相談するという行為の意味を確認したい。大人は子どもたちに、「何かあったらいつでも相談してね」と声をかけることが多い。しかし、何かあってからはじめて相談をするのは、大人でさえ難しい。それはなぜだろうか。

そもそも、人が誰かに相談をするというときの基本は、安心できる人との交流があって、何か事が起きたときに、「あの人にだったら相談してみようかな」という選択肢がうまれるというものである。そのような身近な関係性の中で、「相談をしてよかった」という学びがあるからこそ、相談をするということの価値を内在化していくのであろう。

SSWは、育ちの中でこのような環境が保障されてこなかった生徒や家族と出会うことが多いため、ソーシャルワーカーとしては、相談をしてもらえるような関係を築いていくことがかかわりのはじめとなる。ソーシャルワークでは、支援が必要であると思われるが、自ら相談の申し出をしない人に対して支援者から働きかけ、支援を届けることをアウトリーチと呼ぶ。先の生徒たちはまさに、そのアウトリーチが必要とされる状況であった。

ただし、「相談できない」状況は、生徒や家族の暮らしの環境だけが原因ではない。例えば、「勉強がわからない」ことや、「いじめ」など学校生活と直結する問題についても、生徒は教職員に相談できないことが少なくない（注8）。そこには、生徒たちが「学校のスタッフに自ら相談を申し出られない」学校構造上の課題が影響している。以下、その構造を提示する。

(2)　学校の中に「目的のない場所」が存在しない

日本の学校の中には、「ただ、休憩する。おしゃべりをする。ゆっくりすごす」ような、目的のない場所がほとんど存在しない。生徒が教室以外に、職員室、進路指導室、保健室等、その場所に行くためには何らかの理由が必要となる。つまり、生徒と教員が文字通り「休憩」をとりながら雑談するという場がなく、日常会話の中で素朴に日々の「困りごと」が語られるというような空間と時間が保障されていないのである。

ここ数年で、NPO法人が運営する高校内の居場所カフェや、図書館司書が学校内の図書室を居場所と位置づけた実践などもはじまっており（注9）、今後の展開に注目したいところである。

⑶ 「相談するための部屋」の位置づけ

一方、目的のある部屋であっても、「生徒が相談するための部屋」については、明確に位置づいていないことも特徴である。私は、SSWとして活動する以前の2000年前後に「心の教室相談員」として学校での相談活動を行ったことがある。当時から現在の2019年に至るまで、500校以上の公立の小中学校、および高等学校や特別支援学校に関与してきたが、常勤のスタッフが存在する「生徒が相談するための部屋」を設置している学校はなかった。

日本の学校現場でこれらの役割を事実上担ってきたのは保健室であり、養護教諭の存在の意義が大きい。私もSSWとして勤務した学校では必ず養護教諭と保健室で情報共有の時間を持った。その折りに、気にかかる生徒が来室すると、本当はとても忙しいのだが、その素振りを見せず「ちょうど話したいと思っていたのよ」と声をかける。そんな養護教諭がいつもいる保健室だからこそ、生徒たちは「理由を作ってでも」来室するのである。どの学校の養護教諭も、生徒の相談をもっとゆっくり聞いてあげたいという気持ちと、相談を聞くことのみに特化できない職種上の役割とのジレンマを常に抱えている姿があった。

その後、相談室の位置づけは、2000年に制度化されたスクールカウンセラー（以下、SC）の活動によって、学校の中に生徒指導や進路指導などの「指導を受ける部屋」、保健室という「手当を受ける部屋」、そしてそのどちらでもない「相談ができる部屋」の存在が明確になってきたといえる。ただし、SCの多くも非常勤であり、相談室を常時開室することは難しい。

私立高校や、大学、海外の学校などでは、常勤かそれに近い勤務スタイルで生徒の相談を受けることを前提にした職種と部屋が存在する。その体制自体が、「生徒自ら相談をすること」に価値を置き、意見を表明する権利を保障するというメッセージになっている。日本の学校構造はこの対極にあるということを学校に関与する私たちの共通認識として確認する必要がある。

⑷ なぜ、生徒たちは先生に相談できないのか

また、2⑴で述べた、大人が子どもたちに発信しがちな「何かあったら」、「いつでも声をかけて」というメッセージは上記の学校構造とも連動して、さらに生徒たちの実質的な相談行為を阻んでいる危険性がある。「どこに行けば、誰に、いつ、どのくらいの時間、どのような内容の話を聞いてもらえるのか」という手続きがわからないためである。

「何かあったら」の問題は何か。先に紹介したネグレクトの例のうち、母親が長期入院した事例において、「母親が入院して、父に家事負担がかかっている」ということが起こっていたとしても、生徒がそのことを先生に話すことが、何につながるのかがわからない限り、その出来事が先生に相談したい出来事に昇華することはない。次に「いつでも声をかけて」の問題点である。SSWとして、つながりができた生徒たちからよく聞く声がある。「いつも忙しそうな先生に声をかけられない」、「自分だけ相談しているところを見られたくない」という声である。そして、その悩みは深ければ深いほど、聞いてもらえなかったらどうしようという不安が高まり、本当は話を聞いてほしい相手に対していっそう声をかけるタイミングを見失うのである。

逆にいうと生徒たちには、困っていればもちろんのこと、困っていなくても私たちに話をしてほしいという具体的なメッセージを伝えておくことが有効なのではないだろうか。例えば、「家族の病気や家族の仕事の変化があると、誰でも学校のことを優先することが難しくなる時があります。その時には、すぐに私たちに言ってください。配慮ができることもあるので一緒に考えましょう」と伝え、話を聞く時間がとれ

る方法を示しておくことは可能でないだろうか。

3．生徒が相談できる仕掛けを作る

これまで、生徒が先生に相談できない学校構造を示してきた。この視点から考えた時、生徒たちの援助希求性がもともと低いのではなく、相談してよい内容や相談先、相談方法を教えられてこなかった結果であるということがわかる。つまり、生徒の心の問題のみに帰すのではなく、学校環境整備の問題と捉える必要がある。ただし、学校内の部屋の新設や常駐スタッフの確保は予算上の問題も大きい。また、単に海外などの相談スタイルをそのまま持ち込めばよいというものでもない。そこで本節では、日本のこれまでの学校教育実践を活かしながら今からでも学校現場で取り組める「相談できる力を育む教育」につながる方法を考える。

⑴ 「何かあったら」の「何か」を具体的に伝える絵本

生徒の家庭や地域で起きていることと生徒の学校生活は地続きである。しかし、学校に関係すること以外で相談しても良い内容を、生徒に響く方法で伝える機会を作ることそのものが難しい。そのような時に次のような絵本は内容はもちろんのこと、タイトルそのものが読み手にストレートにメッセージを伝えてくれている。教職員がこれらの絵本を、生徒の年齢や発達段階に応じてどのように活用するかを校内で検討するプロセスそのものにも意義がある。

『ボクのせいかも…—お母さんがうつ病になったの—』、『お母さんどうしちゃったの…—統合失調症になったの・前編—』、『お母さんは静養中…—統合失調症になったの・後編—』『ボクのこと　わすれちゃったの？—お父さんはアルコール依存症—』(注10) などは、家族のこころの病気について子どもに伝える絵本である。これらは親が、うつ、統合失調症、アルコール依存症などの病気を抱えている子どもたちを応援するために作成されており、製作者たちは全国の保健室や相談室に絵本を届ける活動も行っている(注11)。子どもたちの身近な大人が病気について正しく理解し、子どもや親を応援できる存在になりうる可能性を広げてくれる。

『会えないパパに聞きたいこと』(注12) は、両親が離婚したときや別居したときなどに子どもが一番聞いてみたい「ママとパパ、どうして別れたの？」という子どもの声を代弁してくれる。「疑問に思ったことがあったら」、「不思議に思ったことがあったら」、「わからないことがあったら」、そのことを声に出していいのだということを応援してくれる。子どもの権利条約の意見表明権を保障することとも直結する。

『うちに帰りたくないときによむ本』(注13) は、児童虐待のトラブルを抱える子どもたちに、だれかに話してみようというメッセージを伝える絵本である。子どもにかかわる大人たちが児童虐待の早期発見に役立ててほしいという製作者の願いが込められている。

私は大学の研究室に絵本の表紙が見えるように置き、時折り並べる絵本を変えている。研究室を訪れた学生の中には、その絵本に目を留めて手に取り、ページをめくる者も少なくない。「もっと小さい頃にこの絵本に出会いたかった」という声も多い。

⑵ 何かある前につながる・届ける

何かある前につながりを作る取り組みを意図的に行っている学校がある。SSWの森本は、母子生活支援施設等の児童福祉施設が校区にある学校で、施設入所に伴う転校生が転入してきた時点で、教員と一緒に生徒や保護者と会い、顔の見える関係をつくっている(注14)。

私が2014年に行った調査では、子どもの転校を経験したことのある保護者と子ども双方とも、早い段階で、教職員との直接的なコミュニケーションが、転入生が安心した学校生活を送るためには必要な要素だと考えていることがわかった。例えば、転校経験のある子どもは「転入生が、初めて教室に入るまでに、自己紹介の内容を先生かそのほかの学校の職員と一緒に考えること」を必要と考える割合や、保護者が「転入手続きに学校に行ったとき、学校からの説明を受けたり、保護者の心配ごとをつたえたりする時間を十分にとってもらうこと」や「子どもが学校になじめたかどうか、保護者が、担任またはSSWやSCと話をする時間をとってもらうこと」は、子どもが安心した学校生活を送るためには必要な要素だと考えていた。しかし、実際の転入時にはこれらの経験がないものが多い(注15)。そこで、この調査結果に基づいて、転入生と教員、保護者と教職員が、転入手続の時点で、安心して話せる関係を築いていくためのきっかけづくりに活用できる「転入生の学校生活サポートガイド」を作成した(注16)。

森本らの実践は転入時に限らず、生徒の一時保護解除や、少年鑑別所や少年院からの学校復帰、長期入院からの退院時にも「安心できる学校生活再スタート」を保障できる可能性がある。

(3) 何かあった時のために方法を教える

さらに、学校ならではの実践がある。小児科医で学校医でもある蜂谷は、自身が担当する中学校の養護教諭と協働して「健康相談」を行っている。対象は学校通信で希望を募り、さらに担任や養護教諭が日頃、気になっている生徒に声をかける。頭痛や腹痛、不眠、その他さまざまな愁訴を持ってくる生徒たちの相談を医師である蜂谷が直接聞き、自分の身体や心を守る方法を教えている。相談者の内訳は、保護者に内緒にしてほしい生徒、保護者同伴の生徒、子どもには内緒で保護者だけの相談がほぼ同じであったという。蜂谷はこの取り組みを通して、中学生になるまで医者と話したことがない、受診経験のない子どもたちの存在に衝撃を受けたと述べている(注17)。逆にいうと、中学生になるまで受診経験のなかった生徒が、医師に相談できる場が生まれたことこそがこの取り組みの大きな意義でもある。

この取り組みの重要な要素は4つある。①学校通信で全員に同じ情報を伝えているため、誰でも利用できる相談会として位置づいている。②何を誰に相談できるのかがわかる。③日常の教育活動を通じて生徒たちの様子をよく知る担任や養護教諭が気になる生徒に声をかけて利用を勧めている。④相談者が、教員以外の専門家(この場合は医師)と直接話ができ、直接アドバイスがもらえる点である。既存の取り組みにこの要素を加えることはできないだろうか。

(4) 相談できる力を育む教育の可能性

2014年の兵庫県教育委員会の報告書には、「自殺した事案の多くは『誰か』に自殺願望を告げた形跡がない。悩みが深ければ深いほど、『誰か』に相談することは困難を極める。それでも、『相談できる力』があれば、『死にたい』と打ち明けるところまで行かなくても、話をしているうちに自殺願望が消失する可能性がある。このことを踏まえて、教職員は、高校生の『相談できる力』を育む必要がある」(注18)とあり、高校生自身に「私の相談先マップ」を授業の一環で実施する方法を紹介している。私は、この方法をもとにSSWが教職員と協力して高校生に実施するグループワーク実践の可能性を提案してきた(注19)。

この方法は、「援助希求的態度の育成」にソーシャルワークの視点を取り入れたものである。「援助希求性を高める」とは、ソーシャルワークの考え方で捉え直すと、自分自身の社会資源を知っておき、必要なときにそこにアクセスする力を育むということになる。手順は次のようなものである。第1回:「困ったときはどうする?」というテーマでポストイット等に書き出す。第2回:校内・校区にある資源を調べる。第3回:市区町村や都道府県の資源を調べる。また、教員が知らせたい資源を紹介し調べる資源のリストに入れておく。第4回:発表する。発表は、SSWやSCなど学校スタッフにも聞いてもらう。

高校生にこの方法を届ける機会はまだないが、大学の学生を対象に行った授業がある。授業を受けた学生の意見には次のようなものが多かった。「これまで相談することは恥ずかしいことだと思ってきたが、そうではないことが実感できた」、「大学にある相談窓口の名前は知っていたが、詳しくは知らなかったので利用しようと思う」、「地域にある資源は調べて初めて知ったものが多く、知識がないままだと解決できることもできない。自分で調べることや知ることの大切さがわかった」。そして、発表にはキャンパス・ソーシャルワーカーが同席しコメントをもらう機会を作ることで相談に行く学生も現れた。

大学生と高校生では、授業枠組みや校内相談体制も異なるため同じ方法では無理があろう。しかし、すでに行われている総合的な学習の時間や教科教育[注20]の実践の一環に組み込むことや、「SOSの出し方に関する教育」として実施する方法など、工夫次第で生徒の援助希求的態度を高めていくことができるのではないだろうか。

おわりに

本稿で紹介した実践は、生徒が先生に相談できる学校構造に変革しうる可能性を持つという点で示唆に富んでおり、どの地域にも広がってほしい要素を包摂している。ただし、新しい方法を取り入れる時には、教職員の負担軽減を同時に議論していくことが必要だ。授業内容、会議の種類や回数、学校行事、校内研修、専門職との協働のための打ち合わせ等の現状を把握したうえで、校内体制を組み替えていくことも必要になってくるだろう。教職員が自身の命を守れるだけの仕事量・役割量でなければ、生徒の「いのちを守る生徒指導」は実現しないからだ。

この議論は場合によっては、クラブ顧問担当をどうするか、一クラスあたりの子どもの人数、学習指導要領はこのままでよいのかなど、学校教育そのものの在り方と連動する。つまり、学校教育に求められることは何かという根源的な問いにも踏み込んだものとなるだろうし、またそうでなければ、誰の命をも守ることができない。これまで学校の教職員たちが担ってきた役割に敬意を表しながら、教職員とともに議論していく場の創出が今後の鍵となる。

＜注＞

1. 本稿において「子ども」とは別に「生徒」と表記するのは、教職員とその学校に在席する生徒という関係で出会うという意味で用いる。また、学校の「生徒」の中には、20歳を超えるものもいるため、「子ども」という表現を控えた。
2. 金澤ますみ「『学校以前』を直視する―学校現場で見える子どもの貧困とソーシャルワーク」佐々木宏・鳥山まどか編著『教える・学ぶ　教育に何ができるか』明石書店, 2019年参照。
3. 2015年2月13日、IFSW日本語訳及びIASSW日本語定義として確定。
4. 安原佳子・大阪府教育庁教育振興室高等学校課『高校におけるスクールソーシャルワーカーの活動状況について　2016大阪府高等学校SSW活動報告』2017年.
5. 金澤ますみ「子どもの貧困と虐待」子ども虐待の予防とケア研究会『子ども虐待の予防とケアのすべて』第一法規出版, 2003年～, 追録27号, 2016年.
6. 文部科学省「子供に伝えたい自殺予防（学校における自殺予防教育導入の手引）」児童生徒の自殺予防に関する調査研究協力者会議, 2014年7月1日.
7. 文部科学省「児童生徒の自殺予防に向けた困難な事態、強い心理的負担を受けた場合等における対処の仕方を身に付ける等のための教育の推進について」2018年1月24日.
8. 荻上チキ『いじめを生む教室』PHP新書, 2018年参照.

9．NPO法人み・らいず『高校内における居場所のプラットフォーム化事業」調査研究事業報告書』2016年（平成28年）3月.
10. いずれも、プルスアルハ著，ゆまに書房から刊行.『ボクのせいかも…―お母さんがうつ病になったの―』2012年、『お母さんどうしちゃったの…―統合失調症になったの・前編―』2013年、『お母さんは静養中…―統合失調症になったの・後編―』2013年、『ボクのことわすれちゃったの？―お父さんはアルコール依存症―』2014年.
11. NPO法人ぷるすあるはホームページ（https://pulusualuha.or.jp/support/）より。
12. 新川てるえ：文・山本久美子：絵『会えないパパに聞きたいこと』太郎次郎社エディタス，2009年.
13. 川崎二三彦：監修・北原明日香：絵『うちに帰りたくないときによむ本』少年写真新聞社，2019年.
14. 森本智美「施設入所のために転入する児童生徒を学校につなぐ工夫」大阪府人権教育研究協議会『大人教夏期研実践報告集（No.134）』2019年.
15. 山中徹二・金澤ますみ「『児童・生徒の転出入時に保護者が抱えている思い』に関する研究」大阪人間科学大学『大阪人間科学大学紀要Human Sciences 第14号』2015年3月.
16.『「転入生」の学校生活サポートガイド（小学校向け)』は、金澤ますみ「Q＆Aあなたの質問にお答えします。」『健2019年2月号』日本学校保健研修社に掲載している。
17. 蜂谷明子「受診経験がない子ども」『月刊生徒指導2015年1月号』学事出版.
18. 兵庫県教育委員会「高校生等の自殺予防対策に関する委員会報告書」2014年3月.
19. 金澤ますみ「児童・生徒対象：自殺防止の取り組み―相談できる力を育むワークショップ」『スクールソーシャルワーカー実務テキスト』学事出版，2016年.
20. 中山節子「青年期の自立と安心な暮らしの営みを支える―高等学校家庭科の実践から」小野善郎・保坂亨『続・移行支援としての高校教育―大人への移行に向けた「学び」のプロセス』2016年11月10日，福村出版が参考になる.

特 集　子どもの“いのち”を守る生徒指導

いじめの深刻化を防ぐ

Prevent bullying situation worse

相馬誠一（東京家政大学）

1．いじめの現状

文部科学省（2018）によれば、いじめの定義は「児童生徒に対して、当該児童生徒が在籍する学校に在籍している等当該児童生徒と一定の人的関係にある他の児童生徒が行う心理的又は物理的な影響を与える行為（インターネットを通じて行われるものを含む。）であって、当該行為の対象となった児童生徒が心身の苦痛を感じているもの」としている。また、平成25年６月に公布された「いじめ防止対策推進法」によれば、当然のことだが、「本調査において、いじめの個々の行為が『いじめ』にあたるか否かの判断は、表面的・形式的に行うことなく、いじめられた児童生徒の立場に立って行う」とされている。

学校側でいじめと認めるか否かではなく、積極的に児童生徒の立場に立って本人の訴えを重視することがいじめ防止対策推進法の根本である。いじめ防止対策推進法の見直しも始まっているが、基本理念の改正はあり得ないと考える。

この間のいじめの実態を文科省（2018）の資料から検討してみる。2017年度のいじめの実態は、小学校で、317,121件、中学校では80,424件、高等学校では14,789件、特殊教育諸学校では2,044件と報告されている。全学校の74.4%で、いじめがあり、小学校の78.4%、中学校の80.6%、高等学校の56.6%、特殊教育諸学校では36.1%で、いじめがあったと報告されている。このように小中学校で８割程度の学校で「いじめ」があり、１校当たりの認知件数は、小学校では15.7件、中学校では7.7件、高等学校では2.6件と多くなりつつある（表１）。

学年別では、小学２年生が62,546件で最も多く、次いで小学３年生59,681件、小学１年生が56,834件、小学４年生が54,944件、中学１年生が41,943件と小学校低学年が多くなっている。まさに、いじめ問題は大きな問題であり緊急の課題でもある（図１）。

〔文科省，2018〕

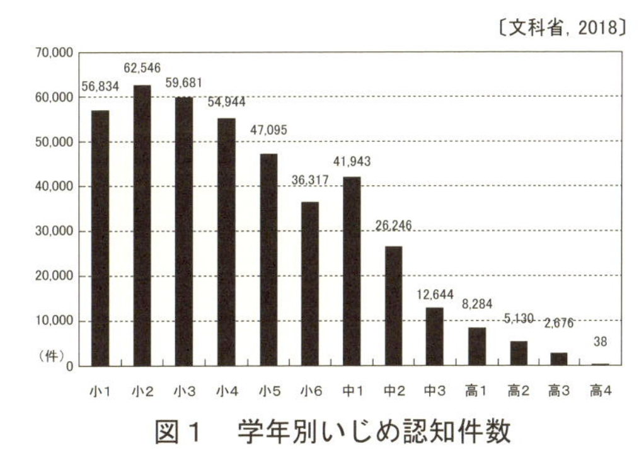

図１　学年別いじめ認知件数

2．いじめの深刻化

前述したように文科省（2018）調査によると、小学校、中学校、高等学校、特殊教育諸学校の合計414,378件のいじめの認知件数であった。１年前と比較しても、小学校（2016年237,256

表１　いじめの実態

〔文科省，2018〕

年度	2005	2006	2007	2008	2009	2010	2011	2012	2013	2014	2015	2016	2017
小学校	5, 087	60, 897	48, 896	40, 807	34, 766	36, 909	33, 124	117, 383	118, 805	122, 721	151, 692	237, 256	317, 121
中学校	12, 794	51, 310	43, 505	36, 795	32, 111	33, 323	30, 749	63, 634	55, 248	52, 969	59, 502	71, 309	80, 424
高等学校	2, 191	12, 307	8, 355	6, 737	5, 642	7, 018	6, 020	16, 274	11, 039	11, 404	12, 664	12, 874	14, 789
特殊教育諸学校	71	384	341	309	259	380	338	817	768	963	1, 274	1, 704	2, 044
計	20, 143	124, 898	101, 097	84, 648	72, 778	77, 630	70, 231	198, 108	185, 860	188, 057	225, 132	323, 143	414, 378

注：2006年度に調査方法変更。 2005年度までは発生件数、2006年度からは認知件数。2013年からインターネット等の定義の変更

件→2017年317,121件　33.3%増)。中学校 (71,309件→80,424件　12.4%増)。高等学校（12,874件→14,789件　14.9%増)。特殊教育諸学校（1,704件→2,044件　20.0%増）の増加傾向である。いじめ防止対策推進法のめざすものは、第１条に明記されているように「この法律は、いじめが、いじめを受けた児童等の教育を受ける権利を著しく侵害し、その心身の健全な成長及び人格の形成に重大な影響を与えるのみならず、その生命又は身体に重大な危険を生じさせるおそれがあるものであることに鑑み、児童等の尊厳を保持するため、いじめ防止等（いじめの防止、いじめの早期発見及びいじめの対処をいう。以下同じ）のための対策に関し、基本理念を定め、国及び地方公共団体等の責務を明らかにし、並びにいじめの防止等のための対策に関する基本的な方針の策定について定めるとともに、いじめの防止等のための対策の基本となる事項を定めることにより、いじめ防止のための対策を総合的かつ効果的に推進することを目的とする」としている。

「いじめ」は相手の人間性とその尊厳を軽んじたり、傷つけたりすることであり、人権を社会の基軸理念に据え、社会の成熟をめざすことにより「いじめ」を克服することをめざしている。また、いじめ問題を「地域」「家庭」「学校」の社会総がかりでいじめの防止に取り組むことを目指している。

例えば、地域の教育力の低下の例として、1994年いじめにより自殺した愛知県の大河内清輝君の例がある。事件後、「そういえば大河内君は、いつもかばんを持たされていた」「おかしを買いにこらされていた」「自転車がしょっちゅうパンクされていた」等からの証言が出てきた（村上,1995)。これらのことから他の子に注意をできない環境が地方でもあり、まさに地域の教育力は崩壊している状況ではないだろうか。

学校の教育力も低下している。「ゆとり教育」が批判されてから「学力重視」に急展開し、良心的な教師が子どものことで悩み、やっても、やっても仕事が残り燃え尽きて退職している現状もある。このままでは、日本の誇った学校教育が衰退していくのではと危惧するものである。いじめ問題は、大人の子ども観や教育観そのものが問われているのではないだろうか。子どもは国の宝であり、誰一人としてかけがえのない子どもたちのはずである。

３．いじめの深刻化を防ぐための学級経営

いじめ問題の対応の難しさの一つとして、いじめの軽重を一般論で論ずることはできないことにある。なぜなら、「いじめられた子」が一般的に軽いと思われるケースであっても深刻に受けとめることはよくあることである。例えば、「冷やかし・からかい」が精神的に大きなダメージになることもあり、「仲間はずれ」が続いて孤立し不登校になった子どももいる。とりわけ、相談室に来所するいじめを受けた多くの子どもたちは「集団からの無視が一番嫌だっ

た」と言っている。「殴られる・蹴られる」の肉体的な「いじめ」よりも、陰湿な集団からの無視の方が、より精神的にダメージが強いとも考えられる。「いじめられた子」がどのように受け止めているかを十分に把握した指導援助が必要になる。

滝充（1996）は、いじめの発生要因として指摘されている諸説を検証し、従来いわれている諸説より、とりわけ、いじめを生みやすい学級の雰囲気に着目している。滝（1996）によると、

・ストレス感情（中でも暴力的欲求）が強い学級では、いじめ行為に関わる人数が多い。
・排他性の弱い学級では、いじめ行為に関わる人数が少ない。
・いじめに対する判断が良好な場合、ストレス感情が高くてもある程度の抑止力を持つ。ただし、決定的なものとは言えず、逆にいじめ行為に対する判断に問題があっても、排他性やストレス感情に問題がなければ、ただちに行為の発生に結びつくことはない。
・凝集性が強い（学級の結束が固い）ほうが、いじめ行為に関わる人数が少なくなる。ただし、それが排他性に結びつく場合には、いじめの原因になる可能性がある。

といじめと学級の雰囲気の影響を指摘している。

滝（1996）の指摘を踏まえて、いじめの早期発見より、もう一歩進めての「いじめのない学級づくり」を実践すべきである。学校カウンセリングの立場からいくつかのポイントをまとめてみたい。

・**いじめは「心の不健康」状態**…教師、子ども、保護者の人間関係を再点検・再確認し、より豊かな人間関係づくりに努めたい。
・**開発的教育相談の技法を導入**…豊かな人間関係づくりをめざす学級づくりとして、グループアプローチは効果的である。
・**効果的な検査・調査**…定期的にアンケート調査を実施し、無記名のアンケートも効果的である。さらに、標準化された心理検査や尺度も人間関係の把握では効果的である。児童生徒を多面的に理解しようとする努力をしたい。
・**保護者・児童生徒から相談されやすい雰囲気づくり**…いじめ問題は内在化すれば、それだけ深く潜行していく。気軽に相談できる雰囲気づくりを学校として取り組み、温かい雰囲気を学校全体にいきわたらす。

4．いじめのない学級経営のための研修

いじめについての研修では、学校が組織的に総力を挙げて対応し、「いじめ構造」について理解することと、教師が「加害者」の役割をしてしまっていることも認識できるようなロールプレイを取り入れた研修が必要である。教師一人ひとりが「何を」「いつ」「どのようにするか」をはっきりさせて、子どもたちの日常生活から目を離さない早期対応が決め手になる。日常的に全ての教育活動で関わるが、とりわけ道徳や特別活動を利用しての人権教育の徹底と学級全体のモラルを高める教育も必要であろう。また、いじめられている子から、片時も目を離さないで「見守る」危機対応も必要である。新たな仲間作りのために構成的グループエンカウンターを取り入れて成功した例もある。

さらに、ソニア・シャープら（1996）の報告にあるような、子どもたちがいじめ問題解決のための活動を行うクオリティーサークル活動も効果的との報告がある。「いじめ」が発見されたら、迅速に学校を挙げて、場合によっては地域にも呼びかけて、組織的に対応することが必要である。何よりも、いじめ問題は最大限の人権侵害であり、自殺等につながることを認識し、平時の段階で、「いじめの構造」や「いじめに対するチーム援助」「いじめのチェックリスト」等の資料を生徒指導・教育相談担当者等が準備して、全ての教職員が参加して研修する必要性がある。これらの研修を通して、日頃からの子どもたちの観察や面談に努め、子どもたちの情報収集と人間関係づくりや心の教育の充

実を図っていく中での、いじめ予防が何よりも重要である。

5．いじめ深刻化を防ぐためのスクールカウンセラー・相談員の役割

スクールカウンセラーが積極的に教師と一緒に授業をしてみるのも一案である。特別活動の時間に人間関係づくりのグループアプローチを実践してみせることも必要ではないだろうか。また、小学校低学年で「SOSの出し方」を教える必要もあろう。

さらに、前述したようなアンケート調査も子どもの声を聴くための検査、調査の積極的活用を図るべきであろう。心理尺度を使用してのデータの収集は臨床心理関係者が得意とすることである。そうした意味でもスクールカウンセラー・相談員の活用を図りたい。

さらに、早期発見・早期対応の必要性がある。教師と違った目で、校内を巡回し、見逃さない敏感さを持つ必要があろう。スクールカウンセラーが相談室に鎮座しているだけでなく、カウンセラーの目で校内を巡回し、学校のトイレ、踊り場、屋上等を見て、一人でいる子、仲間が注意する子、笑いの対象となっている子を見逃さない敏感さを常に持ち続けたい。また、スクールカウンセラーが教職員・保護者等との協働の一つとして、平時の危機対応（Crisis Response）を準備することも必要であろう。

学校は子どものためにあるのである。何よりもの最優先課題は、子どもである。しかし、何か問題があると、このことを忘れてしまうことが多々あるようである。一つの「いじめ」は10倍100倍と認識し、保護者、地域、機関と連携なくして「いじめ」の解消はないと考える。こうした地域ネットワークの核としてスクールカウンセラー・相談員が役割を果たしたい。

さらに、過去の重大事態の事例分析研究も重要であろう。重大事態の事例を、事例研究法として何があったら重大事態にならなかったかの視点から分析し、その援助方法を普遍化すべきと考える。現在、いくつかの学会等で、サイコロジカル・オートプシィ（psychological autopsy=心理学的剖検）として集中的に事例を収集し事例分析研究しているが、重大事態を事例研究としてまとめていくべきであろう。

各地方の財政悪化で、この間、教育予算は削減が著しい状況である。ある地方では、3年連続、毎年予算が削減され、乾いた雑巾をさらに絞っていると比喩している有様である。子どもの「命と心」は何よりも重いものである。しかし、現実は政治的な判断なくしては予算の配置もままならない状況なのである。ぜひ市区町村長らが政治公約として「いじめ問題」を取り上げるのなら、財政的な補償も必要であろう。

6．学校・地域の連携でいじめの深刻化を防ぐ

いじめ防止は、学校と地域社会の連携の中で実現を目指したい。

地域や家庭との連携促進について、文科省（2013）では「いじめの防止等のための基本方針」の中で、「より多くの大人が子どもの悩みや相談を受け止めることができるようにするため、PTAや地域の関係団体との連携促進や、学校運営協議会や学校支援地域本部、放課後子ども教室など、学校と地域、家庭が組織的連携・協働する体制を構築する」ことをめざしている。

さらに、いじめ防止対策推進法でも、第14条（いじめ問題対策連絡協議会）で「地方公共団体は、いじめ防止等に関係する機関及び団体の連携を図るため、条例の定めるところにより、学校、教育委員会、児童相談所、法務局又は地方法務局、都道府県警察その他の関係者により構成されるいじめ問題対策連絡協議会を置くことができる。」と明文化している。また、第17条（関係機関等との連携等）では、「国及び地方公共団体は、いじめを受けた児童生徒又はその保護者に対する支援、いじめを行った児童生徒に対する指導又はその保護者に対する助言その他のいじめ防止等のための対策が関係者の連

携の下に適切に行われるよう、関係省庁相互間その他の関係機関、学校、家庭、地域社会及び民間団体の間の連携の強化、民間団体の支援その他必要な体制の整備に努めるものとする」としている。

このように「いじめ防止」は、地域の関係機関、学校、家庭、民間団体の間で、これまで以上の地域社会での人間関係づくり、落ち着いて安全な地域、学校づくりの徹底が求められている。

これらを実現するためには、年度初めのなるべく早い時期に、地域の関係機関と学校が相互の情報交換や研修を通じて「いじめ防止の徹底」「いじめの未然防止」のための地域連携を確認することが必要である。

さらに、いじめ防止の切り札として、「地域での声かけ運動」を重要視したい。すでに通学路の交通安全の見守り活動は、PTA行事等として実施されているが、交通安全指導と合わせて「声かけ運動」を実施したい。

子どもたちの朝の通学の状況で普段と違う子どもの様子を敏感に察知し、以下の「いじめのチェック」を参考にして、子どもの行動観察に取り組みたい。また、教師は、朝の呼名の徹底と健康観察の徹底を実施したい。朝の健康観察を、ともすると係の児童生徒にさせて、授業の準備等をしている場合も多い。

児童生徒の「はい」の声で、また、顔色や様子で、「ささいな変化」に気づく敏感さを常に持ち続けることを重視したい。その場合も「いじめのチェックリスト」は参考になろう。

［いじめチェック］

・表情が暗く、不安な様子が見られる。
・うつむきがちで視線を合わせようとしない。
・友達とのかかわりが少なく、休み時間や清掃時間に一人でいることが多い。
・あいさつや返事の声が小さくなる。
・保健室や職員室に頻繁に顔を出すようになる。
・遊びの中で孤立しがちになる。
・元気がなくおどおどしている。
・健康観察で頭痛、腹痛など体調不良を訴えることが多くなる。
・少しのことでイライラしたり、ふてくされたりする。
・過度に甘えや、わがままな行動が見られる。
・教師との接触を避けるようになる。
・集中力が持続できないようになる。
・部活動に参加しなくなる。
・学校に登校しなくなる。

7．いじめに気づく地域風土をつくる

⑴　いじめを受けた子に対して

「いじめられる子」は、解決の手段が考えられずに一人孤立して、苦しんでおり、さらに、ひどくいじめられることを恐れて親や教師にもいえず、いじめている子どもの言いなりになっていることも多い。そのため、精神的な症状だけでなく、身体的に症状があらわれたり、不登校のような二次的な問題が起こっている子どもも多くいる。

「いじめられっ子」のサインとしては、急に無口になったり、不可解な行動が増えたり、洋服が汚れていたり、体にあざをつくってきたり、物やお金がなくなったりといった兆候が見られる。そうした場合は、早急に学校や相談機関に連絡を取り、心と生命を守ることに全力をあげる必要がある。地域の見守り活動を通して子どもたちの様子を敏感に察知したい。

対応としては大人が「しっかりと守ってやること」を認識させた緊急対応が必要になり、本人の了解をとりながら、寄り添う方法も考えられる。保護者や教師は、朝自習・休み時間清掃活動・自習・給食時等、いじめられた子を見守るために、常に目を離さない活動も必要である。また、保護者や教職員等の付き添い登下校も必要である。さらに、本人の希望を踏まえて席替えを行い、被害者を孤立させないように教師が工夫した対応をすることが必要であろう。

保護者は、「我が子」がいじめられたことに

対して、憤りや不信感が非常に多くなる。教師は最大限の誠意を持って対応し、訴えを真剣に受け止めることに努めたい。不眠や自殺念慮等の症状が見られる場合は、医療機関等の専門機関との連携も必要である。

難しいのが、保護者に対する援助である。学校側として最大限の誠意を持ってあたることは当然であり、具体的な対応策を示しながら、緊急対応や短期対応・長期対応を説明し、理解を求める努力を続ける必要がある。保護者も、子どもの変化に対して小さなことも見逃さずに必要ならば記録をとってもらうことも大事である。また、保護者は子ども自身について受容し続け、見守ってもらう努力を続けてもらい、心身の不安定な状態が見られるときは相談機関に働きかけて問題の解消を図らなければならない。

時には「保護者が子どもをトコトン守る」といった強い姿勢にも共感すべきである。

具体的にいじめに対する対応を考えていきたい。何としても「マンパワーの充実」が求められている。例えば、いくつかの県では実施されているが、心理専門職資格を持った人材を自治体職員に積極的に採用する。また、心理専門職資格を持った教員を教育センター・教育研究所での常勤配置をし、積極的にアセスメントや危機対応の担い手とする。さらに、いじめや不登校等の問題が多発する中学校に、スクールカウンセラーを常勤配置する。また、スクールソーシャルワーカーを配置して家庭への支援をする必要もあろう。

いじめの解消は、家庭、学校、地域社会の関係者の協働なくしてなしえないと考える。

8．いじめの深刻化を防ぐための情報提供

いじめの発見はたやすくできるものではない。児童生徒にアンケート調査をとったら終了ということでもない。文科省調査（2018）からみてみると、いじめ発見のきっかけはアンケート調査など学校の取組が52.8%、本人からの訴えが18.0%、学級担任の発見が11.1%、当該児童生徒の保護者からの訴えが10.2%であった（表3）。

調査は公平に中立に実施し公開も求められる。ここでは、調査の趣旨、調査の主体と手順、調査の留意点についてまとめていきたい。

いじめの調査を行った際に、学校等は事実関係やその他の必要な情報を提供する責任があ

表3　いじめ発見のきっかけ

〔文科省，2018〕

区分		計	%
学校の教職員等	学級担任	45,926	11.1
	学級担任以外の教職員	9,630	2.3
	養護教諭	1,623	0.4
	SC等の外部の相談員	827	0.2
	アンケート調査など学校の取組	218,655	52.8
学校の教職員以外	本人からの訴え	74,469	18.0
	当該児童生徒の保護者からの訴え	42,128	10.2
	児童生徒からの情報	13,949	3.4
	保護者からの情報	5,809	1.4
	地域の住民からの情報	352	0.1
	学校以外の関係機関（相談機関等含む）からの情報	650	0.2
	その他（匿名など）	360	0.1

る。調査の情報提供は「誰に対して」、「どのような情報を」、「どのような方法で」提供するかを踏まえておくことが大切である。ここでは、こうした点を踏まえ留意点も含めてまとめてみる。

⑴　調査情報の提供は誰に対して

第28条２項２によれば、「学校の設置者又はその設置する学校は、前項の規定による調査を行ったときは、当該調査に係るいじめを受けた児童等及びその保護者に対し、当該調査に係る重大事態の事実関係等その他の必要な情報を適切に提供するものとする。」とされている。調査結果の情報の提供が義務付けられているのである。

一般的には、調査の情報提供は調査依頼者（例えば学校長、教育委員会など）に報告することで終了だが、いじめを受けた児童生徒本人や保護者にも情報を提供することが求められている。当然のことではあるが、いじめを受けた児童生徒・保護者に対して、説明責任があり、いたずらに個人情報保護を盾に説明を怠ってはならないとされている。また、他の児童生徒や保護者に対しても必要な情報を提供し、いじめ根絶に向けて努力していることと協力を依頼することに努める必要がある。

しかしここで注意すべきこととして、他の児童生徒のプライバシー保護には十分に配慮する必要がある。また、教職員や関係者の個人情報にも十分配慮するのは当然である。情報の開示が個人の児童生徒や教職員を特定し、ネット等で書き込みがなされた例や、また誤った情報を掲載したマスコミから、児童生徒や教職員が誹謗中傷を受け、深く傷ついた事例も多い。

事実に基づかない風評が流れたりすることに注意し、本法案の最も重要な「同様な重大事態の連鎖」を食い止めることに全力を投入すべきである。

⑵　どのような情報をどのような方法で

原則的には、情報は正確に適切に文書で開示すべきである。その場合でも、例えば、一部の時間系列が飛んでいたり、不適切に情報を操作し、一部を削除したりすることがあってはならないのは当然である。また、情報は提供することを念頭におき、調査対象となる在校生や保護者に説明することも必要である。

開示すべき情報は、原則として全てだが、とりわけ、

・いじめ行為がいつ頃から
・誰から行われ
・どのような態様であったか
・学校がどのように対応したか

などを適時・適切な方法で経過報告を明らかにする必要がある。

⑶　調査情報の留意点

[情報の提供は適時適切な方法で経過報告を]

調査情報報告はいじめ行為が「いつ」、「誰から行われたか」、「どのような態様であったか」、「学校がどのように対応したか」等を、いじめを受けた児童生徒・保護者に、適切な方法で経過報告をすることが求められている。これらは、なるべく早い段階で報告すべきだが、大事なことは今後の取り組み内容である。今後どのように再発防止をするかも踏まえて、学校としての防止対策を報告することが大切である。

[他の児童生徒等のプライバシーの保護を]

この間の事例で明らかなように、一部、ネットや週刊誌では、重大事態であればあるほど、児童生徒や教職員のプライバシーの侵害が見られる。ネット等に顔写真が掲載されたり、誹謗中傷の記事が掲載されることが多く見られる。こうしたことを防ぐために教育委員会等と連携したマスコミへの対応が必要である。

[再調査について]

いじめを受けた児童生徒・保護者が希望する場合は、文書の提供を受けて再調査も認められている。再調査では、調査対象となる児童生徒の心理的な負担を考慮し、重複した調査にならないように、適切な役割分担が必要である。さらに、同種の重大事態の発生防止のため、専門家の派遣などの人的措置や心理や福祉、教員、

警察官経験者などの追加配置など、多様な方策が必要になる。

［日常の取り組み］

重大事態は「えっ」「まさか」「そんな」と思われることの連続であり、組織や個人では対処できない事態が連続的に起こることである。その結果、不適切な対応が個人や組織のダメージにつながり、信頼を失い、法的責任にも及ぶ。そのためにも校長をはじめ管理職は、重大事態には、「平時の備え」を万全にしておくことである。

教育委員会では、日常的な取り組みとして、平時の段階から危機対応マニュアルなどを学校現場とともに作り上げることが求められている。平時での危機対応に取り組む姿勢が、深刻化を防ぐことにつながり、平時の取り組みが学校や教育委員会のいじめに対する深刻化を防ぐことにつながってこよう。

＜引用文献＞

（1）文部科学省　2018　平成29年度児童生徒の問題行動・不登校等生徒指導上の諸問題に関する調査結果について

（2）いじめ防止対策推進法　2013（平成25）年９月28日施行

（3）村上義雄　1995「いじめ社会　あえぐ子どもたち」朝日文庫

（4）滝充　1996「『いじめ』を育てる学級特性」明治図書

（5）ソニア・シャープ、ピーター・K・スミス編著　1996「あなたの学校のいじめ解消にむけて」東洋館出版社

（6）文部科学省　2013　平成25年度いじめ防止等のための基本的な方針

特集　子どもの“いのち”を守る生徒指導

子どもの自殺予防と生徒指導

−開発的生徒指導の視点から自殺予防教育を考える−

Suicide Prevention for Children and Guidance & Counseling：Suicide Preventive Education to consider from the Viewpoint of Developmental Guidance & Counseling

新井　肇（関西外国語大学）

1．児童生徒の自殺の状況と自殺予防教育の必要性

2006年の「自殺対策基本法」の制定以降、中高年のうつ病対策を中心に自殺予防の取り組みが進められた結果、2012年に至るまでは３万人を超え続けてきた自殺者数が、ここ数年で２万１千人を切るまでに減少している（2018年の自殺者数は20，840人）。しかし、全体の自殺者数が減少傾向を見せるなかで、若い世代の自殺は増加傾向にあり（図１）、ここ10年間の小・中・高校生の自殺者数は年間300人を超えて増加傾向にあり（警察庁の発表によれば、2018年は小学生７人、中学生124人、高校生238人、計369人で、前年比3.4％増）、2018年の10歳〜19歳の自殺率（人口10万人に対する自殺者数）は5.3と過去最悪の数字を示している。また、年代別の死因順位を見ても、2017年の10〜39歳の各年代の死因の第１位は自殺であり、「国際的にも、15〜34歳の死亡順位の１位が自殺となっているのはG7の中でも日本のみである」という『令和元年度版自殺対策白書』（内閣府，2019）の指摘もある。

このような状況のなかで、2016年４月に施行された「改正自殺対策基本法」においては、若い世代への自殺対策が喫緊の課題であるという認識のもとに、学校において自殺予教育に取り組むことが努力義務として課せられた。また、2017年の７月には、新たな「自殺総合対策大綱」が閣議決定され、そのなかで「SOSの出し方に関する教育」の推進、「大学や専修学校等と連携した自殺対策教育」の実施が、同じく努力義務として示された。

文部科学省（以下、文科省）も、2006年に「児童生徒の自殺予防に向けた取組に関する検討会」、その後「児童生徒の自殺予防に関する調査研究協力者会議」（以下、協力者会議）を設置し、児童生徒の自殺予防に関する調査研究・教育啓発を継続的に行なってきた。2009年には児童生徒の自殺予防全般に関する基本的事項を具体的にまとめた「教師が知っておきたい子どもの自殺予防」の冊子が全国の学校に、その概要版のリーフレットが全国98万人の教職員に配布された。2014年には児童生徒を直接対象とする自殺予防教育の具体化をめざして「子供に伝えたい自殺予防−学校における自殺予防教育導入の手引−」が発出された。また2010年以降、これらの冊子を活用した自殺予防のための教職員研修がブロック別に全国で展開され、2019年度も全国10カ所で１日研修（10時〜16時30分）が行われている。

児童生徒の深刻な自殺の実態と国の施策の動向をふまえたとき、今まさに、自殺の危険の高い（ハイリスクな）児童生徒への個別的な支援と生涯にわたる精神保健の観点からの自殺予防教育の実施が、各学校において避けて通ること

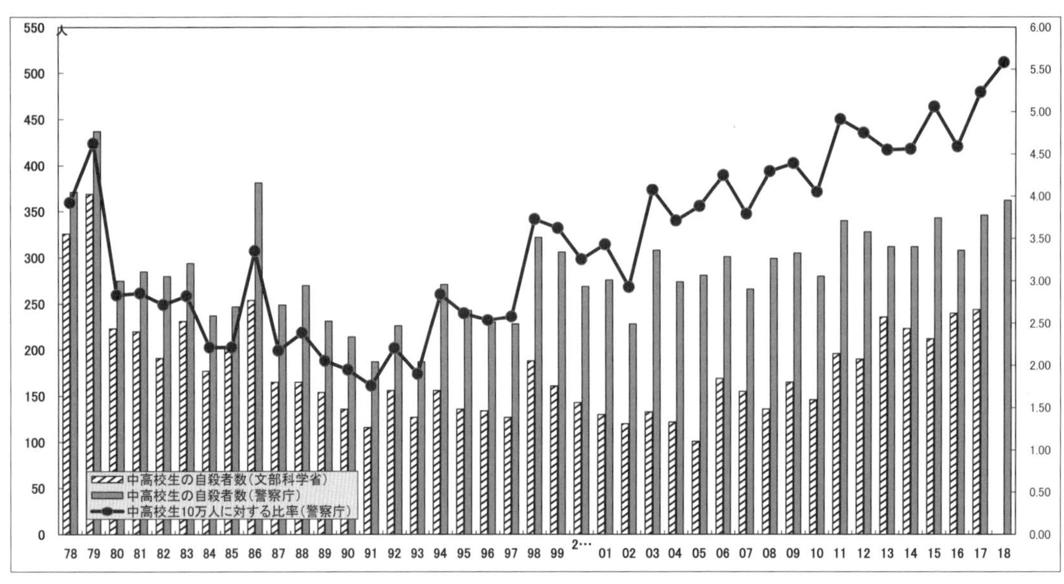

図１　中学生・高校生の自殺者数と自殺率の推移（阪中，2019）

のできない課題となっているのである。「児童生徒の自殺を防ぐために学校教育においてできることは何か」ということについて、個別の児童生徒への危機支援にとどまらず、すべての児童生徒の成長支援をめざす開発的生徒指導の視点からも論考することが本稿の目的である。

２．自殺の危険の高い児童生徒への気づきと危機介入

日本全体では自殺数が減少するなかで、なぜ、児童生徒の自殺は後を絶たないのであろうか。児童生徒の自殺の特徴や心理、社会的背景や原因をふまえて、早期に自殺の危険の高まった児童生徒に気づき、直接的に介入して自殺の危険を未然に防ぐこと（危機介入）が求められる。

⑴　児童生徒の自殺の特徴

10代の自殺と成人の自殺は、背景にうつ状態や絶望感、社会的孤立などが認められる点で共通しているものの、その自殺行動がより衝動的であるところが成人と違っているといわれる（Lester.D，1989）。図１を見ると、1979年と1986年の自殺者数が突出していることが分かる。いずれも、いじめ自殺やアイドルタレントの自殺がセンセーショナルに報道された年であることから、他者の死の影響を受けやすい中学生・高校生の間で、自殺の連鎖（「群発自殺」）が生じた結果であると考えられる。2006年にもいじめ自殺報道から自殺の連鎖が起こり、未成年者の自殺者数が886人（そのうち小学生は14人、中学生81人、高校生220人）にも上る深刻な状態が見られた。とりわけ、中・高生は精神的に不安定な年代であり、「死にたい」と思ったことがある（希死念慮）中・高校生は２割近くに達するという調査報告もある（北海道学校保健審議会・北海道大学大学院，2017）。また、自分の身体を傷つける中・高生も１割前後認められる（松本，2009）。自傷行為を経験した人の自殺率は経験のない人に比べてはるかに高く、適切なケアを受けられないと後に死に至る行為に発展していく危険性があることに留意する必要がある。

深刻な自傷行為や希死念慮の実態をふまえると、自立と依存との間で揺れ動き、衝動性が高いといわれる児童生徒の自殺をどのように未然に防ぐかは、難しいことではあるが、生徒指導上の喫緊の課題である。

⑵　自殺に追いつめられる心理

自殺は、本人の心理的・身体的・家庭的要因や学業や友人関係などの学校生活上の問題、進路問題などが複雑に絡み合って自殺の危険が高まったところへ、直接動機となる事柄が引き金となって実行されると考えられる。直接のきっかけが自殺の原因として捉えられがちであるが、自殺の危険を察知し未然防止に努めるには、様々な要因が重なり自殺の危険が高まるプロセスに目を向ける必要がある。

文科省（2009）を参考に、自殺に追いつめられる心理をまとめると、次の通りである。

①強い孤立感：「孤立」は自殺を理解するキーワードである。「誰も自分のことなんか考えていない」としか思えなくなり、現実には援助の手が差し伸べられているにもかかわらず、頑なに自分の殻に閉じこもってしまう。

②無価値感：「自分なんか生きていても仕方がない」。愛される存在として認められた経験が乏しく、自尊感情が低い児童生徒に典型的に見られる感覚である。

③怒りの感情：自分の置かれているつらい状況を受け入れることができず、やり場のない気持ちを他者への攻撃性として表す。その怒りが自分自身に向けられると、自殺の危険が高まる。

④苦しみが永遠に続くという思いこみ：今抱えている苦しみはどう努力しても解決できないという絶望的な感情に陥る。

⑤心理的視野狭窄：現状の解決策として、死（自殺）以外の選択肢が思い浮かばなくなる。

⑶　自殺の危険因子

自殺の原因は複合的に絡み合い、衝動性が高い子どもの動機の特定は極めて困難であるが、自殺の危険を高める要因（危険因子）として、次のことがあげられる（文科省，2009）。

①自殺未遂歴（自らの身体を傷つけたことがあるなど）、②心の病（気分障害、統合失調症、摂食障害など）、③安心感を持てない家庭環境（虐待、保護者の心の病、家族の不和、過保護・過干渉など）、④独特の性格傾向（完璧主義、二者択一的思考など）、⑤喪失体験（離別、死別、失恋、病気、急激な学力低下など）、⑥孤立（特に友人との軋轢、いじめなど）、⑦事故傾性（事故や怪我を繰り返す無意識の自己破壊行動）

上記のような危険因子が数多く当てはまる児童生徒には、潜在的に自殺の危険が高まる可能性がある。特に、これまでに自殺未遂に及んだことがあるという事実は最も深刻な危険因子と捉えることができる。したがって、自殺未遂をした人は二度と自殺を繰り返さないと考えるのは間違いである。自殺企図の原因となった問題が解決されるような援助が得られなければ、再び同じことを起こしかねない。したがって、自殺を図った児童生徒が学校復帰する際には、関係機関と連携したケース会議を開き、「危機介入の態勢」で臨むことが必要となる。

また、自殺の危険因子として、気分障害、統合失調症、パーソナリティ障害、摂食障害、薬物依存などがあげられる。小・中学生であってもうつ病になる可能性があり、特に高校生年代は統合失調症などの精神疾患の好発年齢にもなるので、そのような疑いがあるときには、早期に適切な治療に結びつける必要がある。自分にとって大切な人やものや価値を失う「喪失体験」も重要な危険因子と考えられる。大人からは些細なことにしか見えない悩みや失敗でも、子どもの立場に立って考える姿勢をもつことが、未然防止の観点からは極めて重要である。

なお、自殺の特徴は、死を求める気持ちと生を願う気持ちとの間で激しく揺れ動く両価性にある。とりわけ、思春期の子どもはその揺れ幅が大きいため、自殺を考えているサインを表に出すことも少なくない。直接「死にたい」と言わなくても、「遠くへ行きたい」と遠回しに自殺をほのめかしたり、大切な物を人にあげたりすることもある。自殺の危険因子が多く当てはまる児童生徒に顕著な行動の変化がみられる場合には、自殺直前のサインとして捉える必要がある。教職員は、児童生徒の「救いを求める叫び」を少しでも察知できるように、変化を敏感に感じ取る感受性を磨くとともに、困ったときに相談されるような信頼関係を日頃から築いておくことが未然防止において重要である。

(4) 児童生徒の自殺の原因と学校問題

内閣府（2019）が警察庁の原因・動機別自殺者数調査（2007～2015年）をまとめた結果（図2、図3）によると、小学生では「親子関係の不和」「しつけ・叱責」など「家庭問題」の比率が高いが、中学生では「学業不振」や「学友

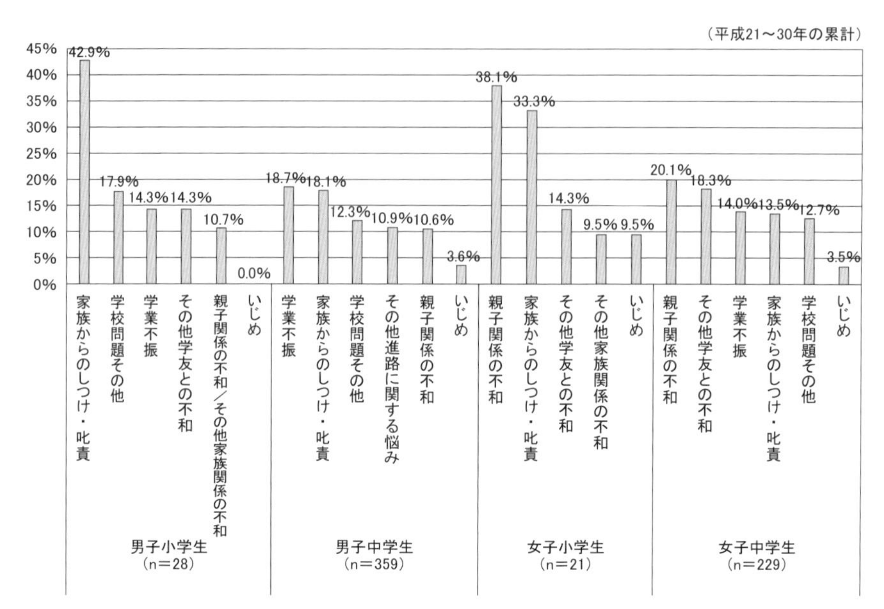

図２　小学生・中学生における自殺の原因・動機の比率（内閣府，前掲書）

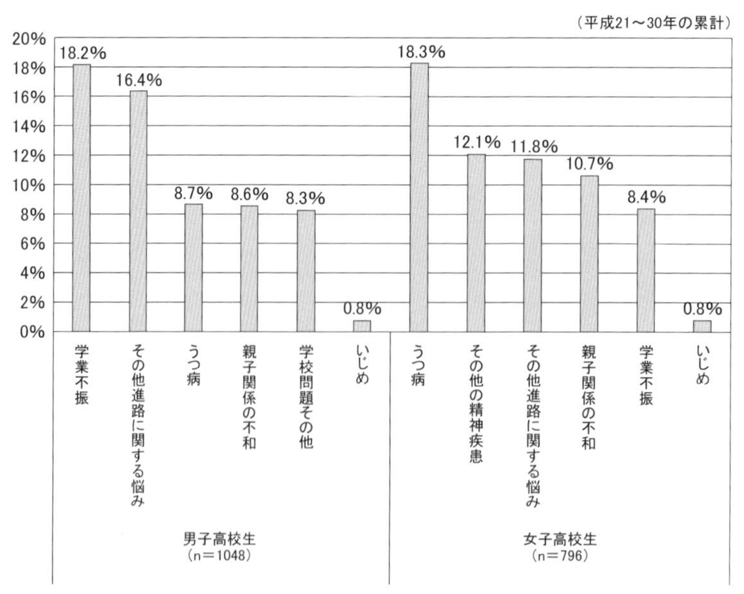

（令和元年版自殺対策白書）　　資料：警察庁「自殺統計」より厚生労働省自殺対策推進室作成

図３　高校生における自殺の原因・動機の比率（内閣府，前掲書）

との不和」など学校問題が５割を超えていることが分かる。高校生も「学校問題」が最も多いことは変わらないが、うつ病などの精神疾患に関する「健康問題」が急増する点に特徴がみられる。

自殺の背景に学校問題が影響しているケースは、中・高校生においては少なくない。ただ、学校問題というと真っ先に「いじめ」が思い浮かぶが、実際には「学業不振」や「進路に関する悩み」などの比率が高いことに留意すべきであろう。長期の休み明けに児童生徒の自殺が多くみられるが、学業や進路、学友との人間関係がストレッサーとなっている場合、休み明けにそれらと直面することがもたらす悩みや不安が背景にあるものと考えられる。スムーズに学校生活を再開できるように、慣らし期間を設けたり環境を整えたりすることが未然防止の観点から求められる。

３．自殺予防教育の方向性と課題

⑴　自殺予防のための開発的な生徒指導の視点ー自殺希少地域から見える自殺の予防因子

全国3,318の市区町村の30年間の自殺統計をもとに自殺発生率を比較し、徳島県旧海部町（現海陽町）が自殺希少地域であることを突きとめ、その後４年間の現地調査を行った岡（2013, 2017）は、他地域に比べて海部町に際立ってみられる自殺予防因子として、①異質な要素を受け入れ、多様性を重視する、②人物の評価は多角的に、長期に行う、③有能感・自己信頼感を醸成する、④緊密過ぎない、ゆるやかなつながりを維持する、⑤問題は早期に開示させ、早期に介入する、という５点をあげている。

阪中（2018）は、「学校の日常生活全般を通じて、『生き心地の良い町』（岡, 2013）にみられる要素を身につけるような取り組みを行うことが遠回りに見えても自殺を防ぐために不可欠である」と指摘している。海部町に見られる自殺予防因子を手がかりに、学校が児童生徒にとって「生き心地の良い学校」になるための要件を考えることは、自殺予防のための開発的生徒指導の方向性を探ることに他ならないであろう。岡（2017）と阪中（2018）を参考に、その方向性を示すと、次の通りである。

第一に、「多様性にこだわり、均質化を嫌う」学校づくりをめざすことである。

岡（2017）は、町民が特別支援学級の設置に反対したエピソードのなかで「世の中は多様な個性を持つ人たちでできている。一つのクラスの中に、いろんな個性があったほうが良いのではないか」という声を紹介している。木材の集積地として多くの移住者を受け入れることによって発展してきた海部町には、「いろいろな人がいてもよい」にとどまらず、「いろいろな人がいた方がよい」と、多様性の維持に積極的な風土がみられる。集団教育の場である学校において、一致団結して学校行事に取り組むなど凝集性を高めることは重要であるが、行きすぎると同調圧力となり、多様性を認め合うことが難しくなる。様々な異なる考えや意見を出し合うことによってはじめて、「主体的・対話的な学び」も可能になるのではないだろうか。

第二に、児童生徒の間に「対等な関係を維持する」ことが重要である。

海部町には「朋輩組」という江戸時代発祥の相互扶助組織がある。近隣の町の類似組織とは異なり、よそ者でも新参者でも希望すればいつでも入ることが可能なオープンな構造をもち、年長者だから威張るということもなく、新米の意見であっても妥当であれば即採用される。上下関係がみられず、先輩から後輩へのしごきなども皆無であると言う。相手の地位や家柄、職業や肩書きによって態度を変えることなどなく、人柄や問題解決能力を評価する人物本位の見方が貫かれている。児童生徒の間においても、思い込みや決めつけから人間関係が固定化されることなく、ごく自然に、流動的かつ水平的な人間関係が維持されることが望まれる。

第三に、「どうせ自分なんて」と思わない「自己信頼感」を育むことが求められる。

外国に比べて日本の高校生が「自分は駄目な人間だと思う」割合が極めて高い（日本の高校生は72.5％であるのに対して、米国45.1％、韓国35.2％）という調査結果がある（国立青少年教育支援機構，2015）。心の危機に陥ったとき、自己への信頼が弱まると自殺の危険が高まる。自己への信頼とは「やれば何とかなるかも」という「自己効力感」（Bandura,A.,1997）と言い換えることもできる。このように行動すれば、望ましい結果が得られるだろうという「結果期待」と、自分はその望ましい結果を得るための行動ができるという「効力期待」とを抱くことである。さらに、その行動の意味を他者から承認されることによって、自己効力感は強化される。学校や家庭において「自己信頼感」を醸成するためには、小さな成功体験を積み重ねるとともに、自分が誰かに必要とされる存在であることを実感できるような経験をもつことが不可欠であろう。

第四に「ゆるやかに、つながる」ことが大切である。

岡（2017）によれば、「日本で“最も”自殺の少ない町といえば、さぞかし人情味あふれる温かな交流、住民同士の絆が強く、互いによく助け合って暮らしているのだろうというイメージが先行する」が、実際の海部町は様相が異なると言う。小さな町であり、住民同士の接触頻度は高いが「精神的に粘質なつきあいというものが少ない」のである。「みんな仲良く」と緊密性を高めることばかりに腐心する学級においては、異質な（と見える、される）者への排除の原理が働きやすくなり、居心地の悪さを感じる者も現れる。ほどよい距離感での結びつきであってこそ、自然な個性の発揮が可能になるのではないだろうか。

第五に、「適切な援助希求」（弱音を吐いても大丈夫）を促すことが求められる。

海部町には「病は市に出せ」という諺が伝わっている。この言葉には「やせ我慢すること、虚勢を張ることへの戒めが込められています」と、岡（2017）は指摘する。困ったときや悩みがあるときには、一人で抱えずに弱音を吐いたり、隠して耐えるのではなく人に頼ったりすることができる雰囲気が学校にあるかどうかは、子どもの学校での「生き心地」を左右する。阪中（2018）も指摘するように「自分の弱さを受け入れ、他者を信頼することなしには、苦しい状況に陥ったときに立ち直っていくことはできない」であろう。仲村（2011）の定時制高校生に対する調査においても、援助希求の高さと学校適応感との間には有意な相関がみられた。成長途上にある児童生徒が甘えたり、弱音を吐いたりする援助希求の表出は、「適切に依存できる」ネットワークを築こうとすることで「自立」への一歩を踏み出そうとする現れであると理解する姿勢が、教職員や親に求められるのではないだろうか。

⑵ 自殺予防のための開発的な生徒指導の方向性－「未来を生き抜く力」を育む教育

では、今後どのような自殺予防の具体的な取り組みが考えられるのであろうか。

新井（2019）によれば、まず第一に、児童生徒に相談する気持ちや態度を育むとともに、友だちから相談を受けたときの対応について学ぶことが求められる。児童生徒は悩んだときの相談相手として友人を選ぶ傾向がみられる。いくつかの自殺事案を検証すると、身近な友人が自殺の危機にあることを察知し、そのことを真剣に受け止め、周囲の信頼できる大人に助けを求めていれば、不幸な事態を防げていたのではないかと思われる事案も少なくない。児童生徒の自殺を防ぐには、本人が危機を乗り越える力を身につけるとともに、子ども同士がお互いの危機に気づいたときに、信頼できる大人や相談機関につなぐなど適切な対応ができるようになることが重要である。

第二には、自らの心の健康に気づく大切さを知ることである。国をあげて青少年の自殺予防に取り組んできたオーストラリアでは、心の健康への気づきと心の危機への対処を重要視している。具体的には、精神疾患の理解やストレスマネジメント、ピアサポートや葛藤解消などの活動が、健康教育や心理教育として実施されている。日本においても、ストレスマネジメントやピアサポートをはじめ、同じような内容の授業や体験活動に取り組んでいる例は少なくない。今後、それらの活動の充実とともに、子どもの自殺予防においても「心の病の問題は避けては通れない」という視点が必要であると思われる。保健体育の「心の健康」の単元には、小・中・高を通じて心の危機に陥らないための予防策ともいえる様々な対処方法が載せられている。兵庫県心の教育総合センター（2017）がモデルとして示しているように、保健体育の教員と養護教諭、スクールカウンセラーなどが連携し、自殺予防の視点から、精神疾患など心の健康に対する内容を取り入れた授業を行うことも有効な方法であろう。

文部科学省（2014）の「子供に伝えたい自殺予防」においても、児童生徒を対象とした自殺予防教育の目標として「早期の問題認識（心の健康）」と「援助希求的態度の促進」の２点が示されている（図４）。心の健康についての正しい理解をもち、困ったときに人に相談する援助希求的な態度がとれるようになれば、個人の危機の克服と友人の危機への支援が可能となり、生涯にわたる精神保健という観点からの自殺予防にもつながっていくと考えられる。

急激な社会変化のなかで、子どもが家族の死や出産など命にかかわる大切な場面に直接ふれる機会が失われ、命の重みに関する感受性は弱まっている。したがって、多くの児童生徒にとって、生や死の意味について真剣に考え、命のかけがえのなさや人生が一度しかないことについて理解し、命の大切さや生きる喜びを実感としてとらえる場が必要である。そのためには、小学校から系統立った生と死の教育などの実践を「下地となる授業」として積み上げたうえで、自殺予防の「核になる授業」を学校全体の教育活動として位置づけることが求められる（図４）。その際、自殺予防教育を「未来を生き抜く力」を育むための開発的生徒指導の重要課題として位置づけ、教科の学習、教科外の活動を通じて全校で取り組む体制づくりが望まれる。

なお、実施にあたって、協力者会議は「学校において子供を対象とした自殺予防教育実施する以上、適切な前提条件を整えた上で、効果的

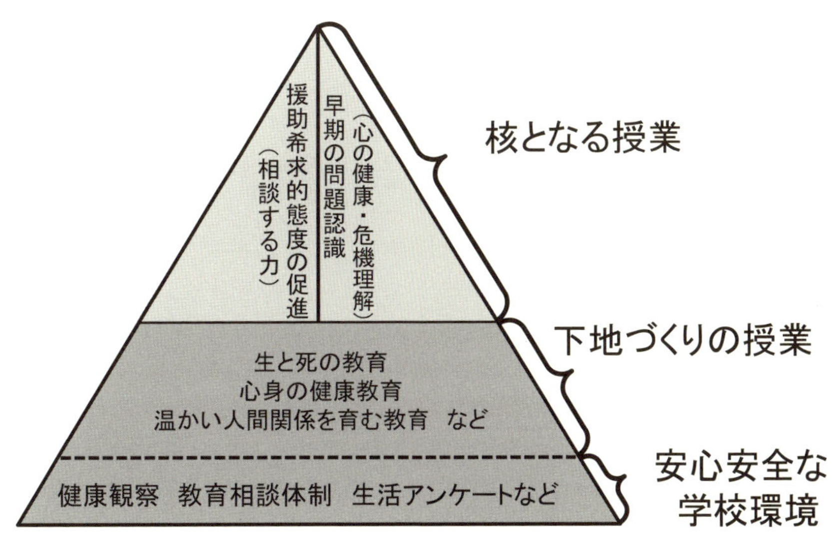

図４　自殺予防教育プログラムの構造（文科省、2014）

かつ安全な教育を進める必要」があるとし、①関係者間（教職員、及び保護者）の合意形成、②適切な教育内容、③ハイリスクの子どものフォローアップ、の３点を考慮すべき前提条件としてあげている（文科省，2014)。この３条件が自殺予防教育を実施するうえでのハードルを高くしているという批判もあるが、担当する教職員自身が心の危機や自殺について主体的に考え、全校体制で開発的生徒指導を進めるための共通理解を図ろうとするプロセスこそが、ハイリスクな子どもへの対応や生涯にわたる心の健康に役立つ学びの創造につながるのではないだろうか。

今後、学校において自殺予防教育を展開するにあたって、学校と関係機関、地域の人々との連携・協働がこれまで以上に求められる。援助希求しにくい年代と言われる思春期の子どもたちが発する「心の危機の叫び」（SOS）を、学校をはじめ、家庭、地域の人々がどのように受けとめ、関わっていくのか、大人たちの姿勢が問われている。

＜引用文献＞

新井肇（2019）自殺の防止　中村豊編 『生徒指導提要』の現在を確認する理解する pp.86-95　学事出版

Bandura,A（1995）Self-efficacy in changing societies. Cambridge University Press （アルバート・バンデューラ編　本明寛・春木豊・野口京子・山本多喜司訳　激動社会の中の自己効力　金子書房　1997）

兵庫県心の教育総合センター（2017）自他の命を大切にする心を育む教育支援に向けて―自殺予防に生かせる教育プログラムの作成―

北海道学校保健審議会・北海道大学大学院（2017）児童生徒の心の健康に関する調査

国立青少年教育振興機構（2015）高校生の生活と意識に関する調査報告書―日本・米国・中国・韓国の比較

Lester.D（1989）Questions and Answers about Suicide（斎藤友紀男訳　自殺予防Q&A―援助のための基礎知識）川嶋書店

松本俊彦（2009）自傷行為の理解と援助　日本評論社

仲村和之（2012）定時制高校生のレジリエンスを強化するためのピア・サポートプログラムの開発　2011年度心の教育実践研究　pp.220-241　兵庫教育大学教職大学院心の教育実践コース

文部科学省（2009）教師が知っておきたい子どもの自殺予防

文部科学省（2014）子供に伝えたい自殺予防―学校における自殺予防教育導入の手引き―

内閣府（2019）令和元年版自殺対策白書

岡　檀（2013）生き心地の良い町―この自殺率の低さには理由がある―　講談社

岡　檀（2017）日本で“最も”自殺の少ない町の調査から気づかされたこと　こころの健康シリーズⅦ21世紀のメンタルヘルス　No.5　予防とは何か　pp.1-7　日本精神衛生会

阪中順子（2015）学校現場から発信する子どもの自殺予防ガイドブック―いのちの危機と向き合って　金剛出版

阪中順子（2019）学校における自殺予防教育　最新精神医学　第24巻第１号　pp.43-50　世論時報社

阪中順子（2019）令和元年度児童生徒の自殺予防に関する普及啓発協議会資料

特 集　子どもの“いのち”を守る生徒指導

依存症と教育

Addiction and education

川畑俊貴（京都府立洛南病院）

1．はじめに

私が学んだ小学校の教室に「よく学び、よく遊べ」と書かれた紙が貼ってありました。先生は「勉強は短時間で集中してやりなさい。そして、遊ぶときは力いっぱい遊びなさい。だらだらと勉強する子は、かしこくも強くもなれません」と説明されたように記憶しています。英語にも『All work and no play makes Jack a dull boy.』ということわざがあって、似たようなことを意味しています。聞くところによると、世界中の言語に、同じような意味のことわざがあるとのことです。「よく学び、よく遊べ」は、時代や国にかかわらず、ヒトにとって普遍的に大切なもののようです。

実際に、よく学びよく遊ぶ子は、ほほえましく健康的に見えます。実は、このような子は薬物依存症にもかかりにくいと思われるのです。このあたりが、本論考のテーマとなります。

2．薬物依存症の脳科学的理解

⑴　神経伝達の仕組み

ヒトの脳細胞は千数百億個もありますが、全部バラバラで、くっついている細胞は一つもありません。人が単純な行動をするときでも、無数の細胞が連絡を取り合って協力します。

例えば、「コップの水を飲む」という一見、単純そうな動作でも、よく見ると決して単純ではありません。水であることを目で確認する、コップを握る、持ち上げる、口を開く、コップを傾ける、変なものが混じっていないことをにおいで確認する、飲み下す、適切な量で飲水を止める……水を飲むまでに、無数の判断と作業が繰り返されます。脳は、これら一つひとつの作業を遂行させるだけでなく、その速度のコントロールや、作業を中止すべきかどうかの判断もしています。単純な動作でも、脳は極めて複雑な仕事をしているのです。

近年の脳科学の進歩は目覚ましく、脳細胞がどのようにして連絡を取り合っているのかが明らかになってきました。まずは、その話から始めます。

脳の神経細胞の間にはすき間があり、神経細胞を走る弱い電気信号は次の神経細胞には届きません。そこで、情報を伝えるためにメッセンジャーが発射されます。このメッセンジャーが相手の神経細胞にある受け口に到着して初めて情報が伝達されます。脳科学では、神経のすき間を「シナプス」、メッセンジャーを「神経伝達物質」、メッセンジャーの受け口を「受容体」と言います＜図１＞。

⑵　ドーパミン

神経伝達物質は50種類以上あり、それぞれが特徴的な機能を持っています。この神経伝達物質の一つに「ドーパミン」というのがあります。

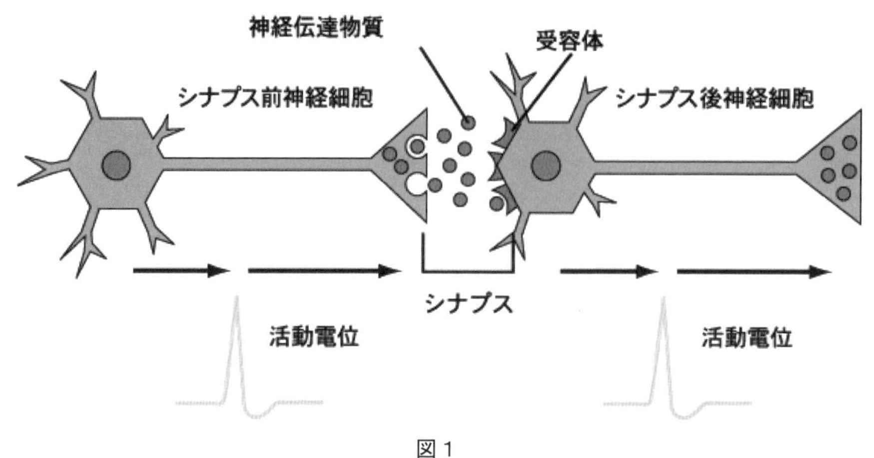

図１

ドーパミンは報酬系神経伝達物質と言われ、動物が生存に関わる作業を達成した時に、ご褒美として分泌されます。ライオンがシマウマを仕留めた時などが、わかりやすい例でしょう。ドーパミンが分泌されると、動物はこの上ない快感を味わうことができます。この快感を求めて、ライオンは苦しいシマウマとの追いかけっこを粘り強く遂行するのです。

もちろんヒトにも、ドーパミン系神経伝達はあります。しかし、人は社会化された動物ですので、ドーパミンが分泌されるタイミングは野生動物とは異なります。人は仕事、勉強、スポーツなどで課されたノルマを達成した時や、他人から高い評価を受けた時に、ドーパミンが分泌されます。ドーパミンが分泌されると、野生動物と同じようにこの上なく良い気分になります。人が仕事、勉強、スポーツで頑張るのも、脳科学的には、ドーパミンを獲得するためと言うことができます。

(3) ドーパミンと薬物依存症

ここまでドーパミンの話をしてきたのは、実は依存症とドーパミンには、深い関係があるからです。

薬物依存症を引き起こす物質を「依存性物質」と言います。覚せい剤、コカイン、大麻だけでなく、アルコール、ニコチン、睡眠薬などもみな依存性物質です。そして、すべての依存性物質は最終的には、「ドーパミンの分泌を亢進させる」性質を持っています。依存性物質を体内に摂取すると、スカッとしてこの上なく良い気分になるのは、ドーパミンの仕業です。覚せい剤依存症もコカイン依存症も、脳科学的にはみな「ドーパミン依存症」なのです。

健康な人でも、常にドーパミンは分泌されています。勉強やスポーツで素晴らしい成果を上げると、大量に分泌されます。このように生理的に分泌されたドーパミンは、セロトニンなどの神経伝達物質によってすぐに抑制されるので、ヒトはドーパミン依存症にはなりません。しかし、依存性物質によるドーパミン神経伝達の亢進は、生理的にはありえないほど強く長く続くので、依存症になると考えられています。

薬物依存症が重度になると、薬物の切れ目をつらく感じるようになります。これを避けるために、重症者は依存性物質を連用するようになります。ところが、ドーパミンには睡眠と食欲を妨げる作用があるため、連用すると、だんだんやつれて痩せていきます。そして、生命にとって危険な状態にまでなるのです。人体はこの危機から脱するために、ドーパミン受容体の数を減少させます。これが、薬物依存症による脳障害の本態です＜図２＞。

受容体の数が減少すると、ドーパミン神経伝達の効率が低下して、同じ量のドーパミンが分

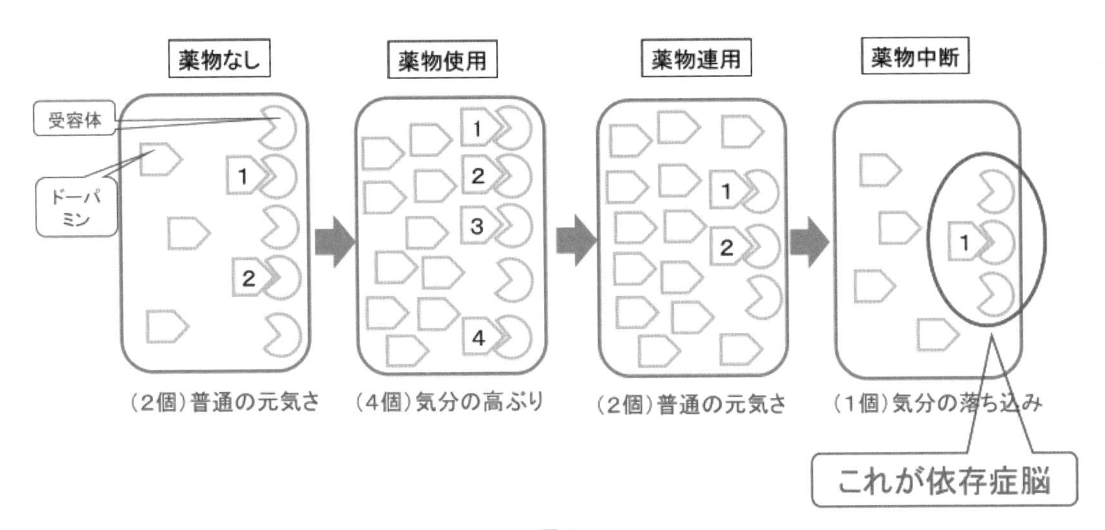

図２

泌されても、これまでと同じ快感を得ることができなくなります。依存症者は、これまでと同じ快感を得るために、より多くの依存性物質を使用しなければなりません。そしてこれが、さらなる受容体の減少を引き起こすという悪循環が生じるのです。

依存症は子供の大切な脳に、ドーパミン受容体の減少という深刻な障害を引き起こします。子の脳障害は、うつ状態、無気力症、依存性物質への強烈な渇望など、その後の人の生活に破壊的な影響をもたらすことになります。

３．薬物依存症の心理学的理解

Ａさんは56歳の男性で、３カ月ほど前から幻聴と被害妄想が出るようになりました。Ａさんの仕事はトラック運転手です。30年以上、九州から大阪まで鮮魚の搬送をされています。夜を徹しての長時間運転のため、眠気を避けるために、仕事前に少量の覚せい剤を使用し続けてこられました。Ａさんは56歳にして幻覚妄想を発症されましたが、逆に見れば、30年もの間、覚せい剤を使用しながらも健康な状態だったということです。医療では、このような人のことを「コントロールユーザー」と言います。依存性が強い覚せい剤でも、相当程度のコントロールユーザーが存在すると推測されています。覚せい剤は違法薬物なので、コントロールユーザーの数を把握することは不可能ですが、アルコールでは正確な統計が出ています。これによると、アルコール摂取者の中で依存症になる人は約10％ということです。つまり、90％はコントロールユーザーということになります。

また、覚せい剤を使用したからといって、必ず覚せい剤のとりこになるわけではありません。１回、あるいは数回でやめてしまう人がいるのです。根拠となる統計はありませんが、私が長く付き合ってきた薬物依存症患者からの情報では、その数は相当に多いと思います。

このように、依存性物質を使用したからと言って、すべての人が薬物依存症になるわけではありません。薬物依存症になる人とならない人がいるのです。いったい何が、両者を分けるのでしょうか。

依存症になるかどうかには、多くの要因が複合的に関与していると言われています。米国で行われた大規模調査によると、「家族に依存性物質の常習者がいること」と「貧困」が依存症者を生む最も大きな要因であるとされています。これ以外に、本人のパーソナリティーや不安・抑うつなどの心理傾向も、大きな要因で

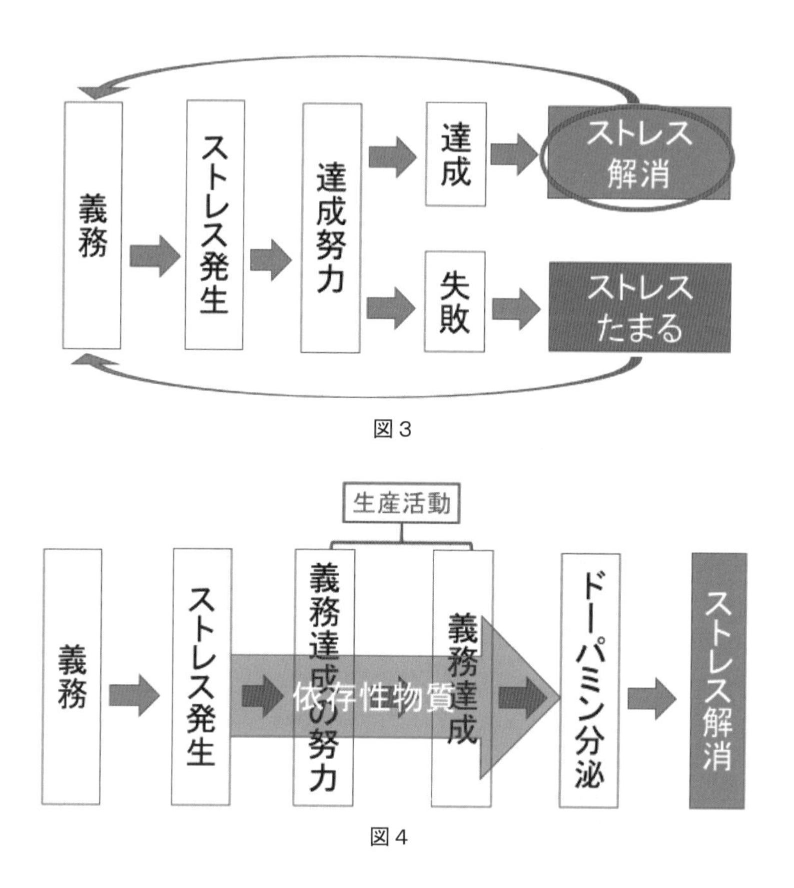

図3

図4

す。しかし、すべての人に共通の依存に陥りやすい心理として「ストレスからの逃避」があげられます＜図３＞。

図３は、ストレスの循環サイクルを示したものです。

人生は義務の連続です。服を着るのも、靴下をはくのも、電車の中で歌わないのも、毎日決まった時間に職場や学校にたどり着くのも、仕事や勉強のノルマをこなすのも、全てが義務です。義務が生じると、人はそれを達成しようとします。ストレスは、義務を達成しようとした瞬間に発生します。「こんな広い範囲の試験勉強なんてやってられない」といって義務を放棄しても、結局は叱責や低評価にさらされるというストレスに直面します。義務が発生すると、ヒトはストレスから逃げることができないのです＜図４＞。

図４は、ストレスサイクルの中で依存性物質がどのように働くかを示したものです。依存性物質は、義務が発生したときに達成努力をすることなくストレス解消までひとっとびさせてくれる「スグレモノ」であることがわかります。しかし、依存性物質によるストレス解消は現実を何一つ変えません。やがて依存性物質の効果は切れ、現実世界に引き戻され、自分が逃げ出したストレスに再会します。そして、そのストレスから逃避するために再び依存性物質を使う。このようにして依存が形成されていきます。

以上が、薬物依存症の心理学的説明です。薬物依存症はストレスと深く関わっていることがお分かりいただけたと思います。前項で述べた薬物依存症の脳科学的説明とは、どちらが正しくてどちらが間違っているというものではありません。両者は、同じ正解にたどり着く別解のようなものです。どちらの回答にも、真理にたどり着くための重要な意味があります。

4．薬物なき依存症

世界保健機関（WHO）は、世界中どこでも、同じ基準で病気の発生を認知するために、あらゆる医学領域にわたって疾病分類とその診断基準を提示しています。この疾病分類は、常に最新の医学的知見に基づいて改訂が重ねられ、現在は「ICD-11」と言われる改訂版が使用されています。2018年６月、ICD-11に新たな病気が追加されました。「ギャンブル依存症」です。さらに2019年５月には、「ゲーム依存症」という病気が追加されました。ギャンブルやゲームに耽溺してやめることができなくなった状態を、世界保健機関（WHO）が「病気」と認定したのです。

前項までの話は、依存には依存性物質が関与していることが前提でした。しかし、ギャンブル依存症やゲーム依存症は、同じ依存症というくくりになっていますが、依存性物質は関与しません。このように、依存性物質が関与する依存症と関与しない依存症は、病気の仕組みが同じなのでしょうか、違うのでしょうか。

この疑問に答える重要な実験が、1998年にイギリスのインペリアルカレッジで行われました。被験者に50分間、ビデオゲームをさせて、その前後の脳でのドーパミン分泌量を比較したのです。実験の方法は、およそ以下の通りです。

被験者に、ラクロプライドという物質をごく少量投与します。ラクロプライドは放射性同位元素を含むので、その体内での動きは、PETという画像診断機器で簡単に調べることができます。このラクロプライドは、ドーパミンに付着する性質があるので、脳でたくさんのドーパミンが分泌されれば、ラクロプライドも脳にたくさん集まります。この仕組みを使って、脳でのドーパミン分泌量を調べたのです。

結果は明らかでした。８名の被験者全員が、ゲーム後にドーパミンが約２倍に増えていたのです。これは、普通量の覚せい剤を摂取したときとほぼ同じ増加量です。つまり、ゲームには覚せい剤レベルの、強力なドーパミン分泌効果があることが証明されたわけです。

もう一つの重要な研究は、2012年に中国科学大学院で行われました。インターネットゲーム依存症者18名と、そうでない者17名の脳を、DTI（磁気を利用した最新の画像診断法）による高精細な画像で比較しました。DTIは、脳内を走行する神経線維の束を映像化することができるほどのスグレモノです。この研究の結果は驚くべきものでした。インターネットゲーム依存者の大半に、神経ネットワークの著しい乱れが生じていることが分かったのです。そしてこの乱れは、重症の覚せい剤依存症者にみられる乱れと、同じ特徴を有していたのです。この研究によって、「依存性物質を使用しなくても、何らかの行為に依存すれば、依存性物質を使用した時と同じ障害が脳に発生する」ことが明らかになりました。

脳に障害をもたらすのは、覚せい剤やコカインそのものではなく、それらによって脳内で分泌されるドーパミンだったのです。したがって、「依存性物質が関与する依存症と関与しない依存症は、病気の仕組みがどう違うのか？」という最初の命題に対する答えは、「病気の仕組みもその後に起こる脳の障害も、覚せい剤とゲームで全く違わない」ということになります。

これらの研究による知見は、実際の臨床でも裏付けられます。

家庭内暴力で受診した15歳の少年、D君。もともとは、気遣いのできるとてもやさしい子でしたが、最近はお母さんのちょっとした言葉に突っかかり、時に暴力を振るうようになりました。お母さんは「この子は人が変わった」と言われます。このように人が変わったかのような性格変化は、覚せい剤依存症でよくみられる症状です。このほかにもD君には、怒りっぽさ、荒々しい態度、落ち着きのなさ、集中困難など、覚せい剤依存症とそっくりの症状がみられました。実際に、初診を担当した医師は、覚せい剤依存症を疑って薬物尿検査を実施したほどです。その後の詳しい問診で、D君はインターネットゲーム依存症であることが判明しましたが、覚せい剤依存症とゲーム依存症は、医師が間違うほど症状がよく似ています。近頃切れやすい子供が増えたと言われますが、背景にゲームやインターネットが関与しているケースも多いのではないかと思われます。

このように、薬物なき依存症（ゲーム依存症・ギャンブル依存症など）は、薬物依存症と同等に深刻な病気です。しかし、日本社会はいまだに、「ゲームやギャンブルは、覚せい剤やコカインのような毒が体内に入らないのだから、危険性は低いだろう」という根拠のない考えにとどまり、その危険性を認識していません。覚せい剤やコカインは、法律で禁じられていることが大きな抑止力となっています。ギャンブルも18歳未満はお断りです。夜間は営業していませんし、わざわざパチンコ店まで足を運ばなければできないという不便さもあります。これらは、ギャンブルに対する一定の抑止力として働いています。しかし、ゲームには社会的抑止力は全く働いていません。自己行動抑制力が十分に備わっていない子供でも自由にできます。深夜でもできますし、教室、子供部屋、電車、道端……どこでも自由にできるのです。完全に野放し状態になっているゲームは、現代社会を深くむしばんでいます。現在、日本ではゲーム依存症とインターネット依存症を合わせると、その数500万人を超えると推測されています。若者への急激な浸透が問題となっている大麻でさえ常用者は100万人ですから、ゲーム依存症の蔓延がいかに深刻であるかがわかります。専門家の間では「ゲーム依存症は21世紀の大疫病」と言われ、10年後、20年後の被害が憂慮されています。

5.「行き過ぎた行為」と依存

最近、暗鬱なニュースを聞くことが多くなりました。特に「なぜそこまでするの？」と言いたくなるような事件が増えているように思います。こういった事件の背景には、どのような事情があるのでしょうか。

Ｅさんは42歳。自動車販売の営業マンで、妻と二人の子供との４人家族です。Ｅさんの販売成績はいつも下から２～３番目で、よく上司から苦言を呈されていました。１年前に上司が代わってから、Ｅさんはより大きなストレスを感じるようになりました。販売台数がグラフで張り出され、苦言は全員の前で行われるようになったのです。Ｅさんは、食欲が低下して、睡眠も十分にとれなくなっていきました。精神科的にはうつ状態に陥っていたと思われます。

その日、Ｅさんは全社員の前で上司に叱責され、落ち込んで帰宅しました。すると、妻が友人と話し込んで帰りが遅くなったため、食事や風呂の支度ができていなかったのです。「自分がこんなに苦労しているのに、妻は遊んで家事さえもしていない」という怒りが沸き上がり、思わず妻のほほをたたいてしまいました。暴力は初めてのことでした。この時、Ｅさんは暴力を振るったことへの自責の念とともに、不思議な高揚感を感じたといいます。それは、Ｅさんのストレスが、妻への暴力によって解消された瞬間でした。これを機に、Ｅさんはストレスがたまると、時々理由をつけて妻に暴力を振るうようになったのです。最初は数カ月に一度だったのが、次第に頻度を増し、毎週のように暴力を振るうようになりました。暴力の程度も１～２回たたく程度だったのが、数時間にわたって暴力を振るうようになっていきました。このように、暴力がエスカレートするにつれて、食欲不振や不眠症は徐々に回復していきました。

これは実在の話ではありませんが、重症のDV（ドメスティックバイオレンス）に時々見られるパターンです。これを見ると、DVと薬物依存症には、多くの類似点があることがわかります。

薬物依存症は、病気の進行に伴って、以下の変化が見られます。

①薬物の使用によって一時的にストレスが解消される
②薬物の使用量が次第に増える
③薬物の使用間隔が短くなる

一方でＥさんは、①DVによってストレスが解消され、深刻なうつ状態を脱しています。さらにＥさんのDVは　②次第に激しさを増し、③DVの間隔も短縮しています。ＥさんのDVがたどった経過は、薬物依存症が重症化していく経過と、とてもよく似ているのです。ＥさんはDVによって大量のドーパミンを獲得することを繰り返したため、「DV依存症」になったという大胆な仮説が浮かび上がります。DV依存症という疾患は私の創作で、ゲーム依存症やギャンブル依存症のように研究によって実証された疾患ではありません。しかし、DVを依存症だと考えれば、Ｅさんの理解しがたい行動も腑に落ちます。

DV、パワーハラスメント、児童虐待、執拗ないじめなど、現代社会で増加する「なぜそこまでするの？」と言いたくなるような悲劇の背景には、依存の心理が関与している可能性があると私は考えています。少なくとも、こういった人を治療するには、依存という側面からのアプローチが必要だと思います。

６．いじめと依存

⑴「やりすぎのいじめ」と依存

Ｆ君は少年野球チームの中心選手として活躍していました。中学でも野球部に入りましたが、厳しい練習についていけずに１年の夏にやめてしまいました。これは、プライドの高いＦ君にとって大きな挫折でした。

Ｇ君は明るく気のいい性格で、Ｆ君と同じ少年野球チームに入っていましたが、ついにレギュラーになることができませんでした。中学では生物部に入りました。

Ｆ君、Ｇ君、野球部をやめたＨ君、少年野球チームをやめたＩ君の４人は、常に一緒に行動するようになりました。４人の中で、気のいいＧ君はいじられキャラで、みんなを和ませるムードメーカーでした。そんな状態が数カ月続いたのち、Ｇ君へのいじりが次第に変質していきます。教科書に落書きをしたり、カバンを捨てたり、明確ないじめに発展して、最終的には死んだカエルを食べさせられたＧ君が急性胃腸炎になり、いじめが発覚しました。

さて、いじめの中心となったＦ君ですが、野球部をやめるころから母親に暴力を振るうようになっていました。親の離婚や野球の挫折など、Ｆ君にとっても苦しい時期でした。母親に暴力を振るった後は、強い自己嫌悪に襲われますが、母親が言うこと、することの一つひとつにイラっときて、また切れてしまうのです。ところがある日Ｆ君は、Ｇ君をいじめた日は、母親に当たらずに済むことに気づきました。それがなぜかはわかりませんでしたが、不思議と母親に寛容になれたのです。こういったことを背景に、Ｇ君へのいじめをエスカレートさせていきました。

Ｆ君のいじめは、以下の点で薬物依存症とよく似ています。

- ストレス解消の手段であった
- 次第にエスカレートしていった
- 間隔が短くなっていった

やはり、Ｆ君には依存の心理が働いたと考えられます。しかし、多くのいじめはこれほどまでにエスカレートすることはありません。Ｆ君のように「依存症」に近いケースは、むしろまれだと思われます。

⑵　いじめる子への指導のむつかしさ

「いじめられる子にも問題がある」というのは、よくささやかれる言葉です。みんながアンテナを張ってある水準に合わせているのに、その水準からはみ出た人、あるいはその水準を感知できない人が、いじめの対象になりやすいと言われています。いじめる人は、「いじめの原因はいじめられる側にある」と信じています。クラスのみんなもいじめられる子に問題があると感じているので、これはいわば「民意」です。民意をバックにした信念を変えるのは容易ではありません。

「いじめられる人の気持ちを考えましょう」「他人の痛みをわかる人間になりましょう」という指導は、いじめる子の内省を促し、変化を期待するものです。相手の身になって考えることはとても重要ですが、この指導には大きな落とし穴が二つあります。一つは、「あなたは人の痛みをわからない欠陥人間です」というメッセージを送ってしまう恐れがあることです。自分の人格を全否定されたと感じれば、いじめる子は反発するだけでしょう。もう一つは、いじめられる子の望む解決ではないということです。いじめられる子は、みんなと同じようにうまくやれないことを思いやってほしいなどとは思っていません。ただ、放っておいてほしいだけなのです。

⑶ 依存症的観点に立った指導

このように、いじめる子の考えを変えるのは容易ではありません。ところが、依存症的観点に立った指導をすれば、いじめる子も納得しやすくなります。

依存症的観点からの指導は、「君はいじめてテンション上げるのが癖になってるよ。薬物でもお酒でもゲームでも、テンションを上げるものは何でも癖になりやすいんだよ。この癖を依存症と言うんだけどね。君は、いじめ依存症にかかってるよ。依存症は病気だから治さなくっちゃね」という感じになります。

依存症的観点からの指導は、「いじめという非人間的行為」を「病気」というオブラートで包むことによって、いじめる子の人格を傷つけることなく内的修正を迫ることができます。「病気」という言葉が使いにくければ、「悪い癖」という言葉で代用してもいいと思います。

この考え方は、薬物依存症治療が経験した大きな失敗の歴史に根ざしています。

薬物依存症の本格的治療は、1960年代に米国で始まりました。依存症患者の心のうちに入り込み、その内省を徹底的に迫るというもので、「ミネソタモデル」と言われています。しかし、1980年代後半から、この治療法に懐疑的な報告が増え始めました。結論から言えば、この治療法は無効であるばかりでなく、治療を受けない患者の方が、再発率が低いことが分かったのです。薬物依存症治療は、根本的な発想転換を迫られました。そこで考案されたのが、現在も使われている「マトリックスモデル」という治療法です。この治療法では、「依存症患者の人格」と「依存症という病気」を完全に切り離します。悪いのは「人」ではなく「病気」だというわけです。この考え方によって、治療者と患者が依存症という悪性腫瘍を退治するための協力者となりました。ミネソタモデルでは、治療者と患者は、「内省を指導する者」と「内省させられる者」という上下関係にありましたが、マトリックスモデルでは、両者は対等な関係です。これが大きな治療効果を生んだことは言うまでもありません。

このように、人格と病気（依存）を切り離すことは、教育の場においても有効だと思われます。

「えっ。俺たち病気？」「俺たちの方がおかしいの？」となれば、「あいつが汚いから」「あいつが臭いから」「あいつが常識知らないから」と意気込んでいた子たちも、少ししらけるでしょう。

「私、汚いのかな？」「私、臭いのかな？」と自信を無くしていた子も、「あっちもおかしいんだ」と思えるでしょう。

「病気」「悪い癖」というイメージが、ヒートアップしたみんなの心を少しだけクールダウンさせるのです。

⑷ 傍観する子とドーパミン

安室奈美恵も観客がいなければ盛り上がることはできないでしょう。いじめも、傍観する子が観客となっていじめをエスカレートさせている側面があります。

「Ｆ君も悪いけどＧ君にも問題あるよね」「Ｆ

君とG君、どっちもどっちだよ」。これらはいじめにも一理ありとする意見です。これが中立的傍観の根拠であれば、ちょっと待ったと言いたくなります。みんなは、いじめられる子の行動と性格しか見ていません。これでは不公平です。

依存症的観点では、誰か一人をいじめて苦しめることによって、皆の気分が、少しだけ上がっているという点に注目します。いじめを見ることで、みんなが少しずつドーパミンを獲得しているのです。そのメカニズムは、「平和教育と依存」の項で詳しく述べますが、いじめている側に生じるある種の「一体感」がドーパミンを分泌させると考えられます。

このように、視点をいじめられる子の心のうちから、傍観する子の心のうちに移すと、関わりたくないから傍観するというだけではないこと、傍観することで少しだけよい気分になっていること、傍観はドーパミン獲得につながっていることなどが見えてきます。もちろん傍観者全員がそうではありませんが、少なくとも、多くの人が付和雷同するようないじめでは、一部の傍観者に、このような心理が働いていると思われます。
依存の心理に対する理解が進み、指導の一つとして「いじめ癖は病気だから治そう」というアプローチが加えられることを願っています。

7．薬物乱用防止教育の基本

⑴　子供たちへのリスペクト

「依存症も役に立っている」

こう言われれば皆さんは「どういうこと？」と思われるでしょう。

前述したDVのEさんのことを思い出してください。DVはよくありませんが、Eさんは DVをすることによって、うつ病から脱し、仕事を続けることができました。F君も、G君をいじめることによって、母親への暴力を回避できました。依存症には、ストレスで追い詰められて破滅的にならないように、自分で自分を守っているという側面があるのです。つまり、薬物に依存することによって、別の精神的疾患を自己治療しているというのです。このような考え方を「自己治療仮説」と言います。

自己治療仮説では、依存行為を一方的にネガティヴにはとらえません。「大変なストレスを、薬を使ってでも、何とか持ちこたえてきたのですね。よく頑張ってこられましたね」と考えます。そこには、「依存症者に対するリスペクト」があります。「きれいごと」のように思われるかもしれませんが、自己治療仮説は、間違いなく依存症者と私たち治療者の架け橋になってきました。「マトリックスモデル」が成功を収めたのも、患者へのリスペクトがベースにあったからにほかなりません。相手の行動を変えるだけなら、脅しや圧力でも目的は達成されます。しかし、相手の気持ちを変えたいのであれば、まずこちら側に、その人をリスペクトする気持ちが必要です。これは相手が子供であっても不変の真理です。

「子供たちは甘い世界にいる。まだ大人の世界の厳しさを知らない」。そう思っている人は、自分自身の子供時代を思い出してください。子供は決して甘い世界になどいません。時間割に縛られ、自己選択の余地のない毎日を送っています。大人の持つ自由はほとんどありません。何かを主張する権利もありません。常に一方的に大人の評価を受けています。子供同士の関係も、決して楽ではありません。昨日の友は今日の敵。クラスの流れに乗り遅れると、たちまち村八分です。労働基準法もハラスメント規制法も全く届かない無法地帯を、子供たちは必死で生きぬいているのです。まずは、この子供たちの頑張りをリスペクトすることが、薬物乱用防止教育のスタートになります。

⑵　対等の目線

「自分は依存症などにはならない」。そう思っている人は、自分の心の中をもう一度、覗いてみてください。「週3回はジムに通わないと気が済まない」「時々衝動買いしてしまう」……

それをしないと何かすっきりしないというような行動は、私たち自身の生活の中にたくさんあるはずです。これらは、ドーパミンを獲得するために繰り返している行為です。もちろん依存症ではありませんが、「同じ行動によってストレスを解消することを繰り返す」という意味では、「依存症的行動」と言えます。依存症と完全に無縁な人などいません。「依存症には絶対にならない成熟した大人が、依存症に陥りやすい未熟な子供に、依存症の危険性を教える」。このような上下関係の中での薬物乱用防止教育は、教育世界のミネソタモデルです。まず成果は期待できません。薬物乱用防止教育では、「自分も一つ間違えれば依存症になる」という対等な目線から出る率直な言葉が、子供たちの心を動かします。

(3) 多方面からのアプローチ

薬物の有害性や、法律を犯すことの重さを教えれば、子供たちの薬物乱用は減るでしょう。「薬物は怖い」と思うからです。しかし「薬物は怖い」だけでは、「大麻は安全」という逆宣伝や、兄弟や幼馴染など信用する人からの誘惑には勝てません。「薬物は怖いから使わない」というだけでは足りないのです。苦境に陥った時でも薬物に手を出さない人、たとえ薬物に手を出しても依存に陥らずに止めることのできる人、そういう人を育てるのが本当の薬物乱用防止教育です。このような、本当の薬物乱用防止教育の手掛かりになるのが、ゲームといじめです。

薬物を乱用する心理と、ゲームに耽溺したりいじめに加わったりする心理は同じです。いじめに付和雷同する子、ゲームに耽溺する子は、薬物の誘惑にも負けやすい。逆に言えば、ゲームを制限的にできる子、ひどいいじめに付和雷同しない子を育てることは、どのような苦境に陥っても薬物依存に陥らない子を育てることにつながります。

このように考えると、薬物乱用防止教育は「薬物」という狭い視野にとらわれずに、多方面からアプローチするのが効果的です。「薬物」を直接取り扱わなくても、薬物乱用防止教育はできるということです。むしろ、薬物と関係のない生の問題に正しく対処することの方が、より深い薬物乱用防止教育につながるかもしれません。

8．平和教育と依存

(1) 太平洋戦争と覚せい剤の共通点

私は、太平洋戦争について気になっていることが二つあります。

一つは、戦争の計画があまりにも楽観的でずさんなこと。もう一つは、敗戦後まるで魔法から解けたかのように欧米に対する憎悪が消えたことです。

米国にひどく痛めつけられたにもかかわらず、日本人には米国への憎悪がほとんど見られません。完膚なきまで叩きのめされて、憎悪が畏怖や尊敬に変わるということはありますが、日本には米国に対する畏怖も尊敬もありません。まるで何事もなかったかのように、米国と付き合っています。このような、太平洋戦争前後の日本の振る舞いは、覚せい剤を使用した人の行動にとてもよく似ています。覚醒剤を使用するとイケイケの気分になって、どんな強い相手にも後先を考えずに突っかかっていきますが、薬が切れると相手への憎悪や恨みは跡形もなく消えてしまいます。

こういったことを踏まえて、太平洋戦争とドーパミンの関係を大胆に考察してみようと思います。

(2) 他人との一体感はドーパミンの分泌を促進する

阪神甲子園球場の観客動員数は、常に12球団中１位か２位です。阪神タイガースがＢクラスに甘んじても、優勝が20年に１回でも、なぜ人々は、懲りずに阪神甲子園球場に足を運ぶのでしょうか。

甲子園球場の一塁側スタンドは、試合前から特殊な雰囲気に包まれています。階段を上ってスタンドに出た瞬間に、テンションは上がります。試合の山場では、なぜか全力を振り絞って応援している自分がいます。不思議なのですが、甲子園では、席の近い人同士があいさつなしで普通に話します。なぜか、そこにいるすべての人が、旧知の友人のような、同志のような、戦友のような気持になるのです。甲子園の特殊性は、応援席の一体感にあると言っていいでしょう。すべての観客と自分がつながっているという感覚が、人を高揚させるのです。

ディズニーランドでも同じようなことが言えます。ミッキーの着ぐるみを見つけた時のあの興奮はいったい何なのでしょうか。ミッキーやその仲間たちと自分がつながったという感覚が、人に高揚感をもたらすのです。安室奈美恵のコンサートも、一人で観れば、あの盛り上がりはないでしょう。観客との一体感が人を高揚させるのです。

長期にわたってリピーターを確保し続けるイベントには、共通の特徴があります。それは、「観客に一体感を引き起こす」ことです。もちろん観客は「イベント依存症」ではありません。しかし、一体感を求めて何度もイベントに足を運ぶのが、ドーパミン探索行動であることは間違いありません。いわゆる「依存症的行動」です。

戦闘能力の低いヒトが生存確率を上げるためには、仲間同士の協力が有効だったと思われます。種の保存のために、「仲間と一体になればドーパミンが分泌される」という遺伝子が、ヒトのDNAに組み込まれたとしても不思議ではありません。

(3)　戦争の依存心理学的解釈

甲子園やディズニーランドで一体感を演出する程度であれば罪はありません。しかし、一体感の演出が国とか民族の単位で行われると、とても危険なことになります。

太平洋戦争中は連日のように、「大和民族の優秀性を誇る記事」「西欧列強を貶める記事」が新聞に書きたてられたと聞きます。当時の人々は、このような記事を読むたびに、民族としての一体感を感じ、高揚感に酔っていたのではないかと思うのです。景気のいいことばかり言うラジオやニュース映画を進んで見に行き、力強い軍歌を好んで歌っていたのではないでしょうか。

情報統制が敷かれ、報道の自由が奪われたと言いますが、受け手の国民の方も、「日本はすごい」という情報だけを求めたのです。これは、言うまでもなく気分を高ぶらせるような情報を繰り返し求める依存症的行動です。

戦争に突き進む原因は、政治、経済、人権、民族など、多くの方向から考察されています。しかし、これらに加えて「心理的側面」からの考察が必要だと私は思います。そして、その核心は依存の心理です。人々は、戦争が悲惨であることを知りながらも、正義のためにやむを得ず立ち上がるのではありません。「日本は強い」という誤った情報に基づいて、戦争しようと判断したのでもありません。戦争が悲惨であることを知りながらも考えないようにして、気分の良い情報だけを探すという「依存症的行動」に走っているうちに、止まらなくなったのです。

知る権利は権力が奪ったというのは、真実の半分に過ぎません。知る権利を国民自身が進んで放棄したというのが、残りの半分の真実です。

(4)　依存の心理を踏まえた平和教育

「戦争は恐ろしく悲惨なものである」ということを教えるだけでは、平和教育として足りないことは、ここまでのお話で理解いただけたと思います。周りが「日本はすごい」「日本は正しい」「相手国の行動は許せない」とヒートアップしそうになった時、「俺たち、調子に乗りすぎじゃない」と冷や水を浴びせることのできる人を育てるのが、本当の平和教育です。

このような人を育てることは、簡単なことではありません。しかし、いじめに付和雷同しない子は、戦争にも付和雷同しないと思われます。ゲームやネットを制限的に使える子は、気分の良い情報を探索する行動も制限的にできると思われます。子尾のように生の材料を生かしてきちんと料理する指導こそが、最強の平和教育と思うのです。

また、「依存の心理」や「依存症的行動とは何か」を正面から子供たちに伝えることも、決して無駄ではないと思います。

9．よく学び、よく遊べ（結語に代えて）

「依存症者の行動」と「依存症的行動」は別物です。前者は、脳に障害をきたした人の行動であり、後者は、健康なヒトの行動です。しかし、どちらもドーパミンを求めての行動という点で共通しています。

「依存症的行動」は、それ自体は病気ではありません。しかし、DV、ハラスメント、いじめなどのことを思い出してください。依存症にはなっていなくても、同じ手口で繰り返しドーパミンを得ようとすれば、「やりすぎ」になってしまう恐れがあるのです。「他者との一体感からドーパミンを得る」という行動を繰り返せば、その先に「戦争」があるかもしれないのです。

「よく学び、よく遊べ」は、「一生懸命遊んでドーパミンを得なさい。一生懸命勉強してドーパミンを得なさい。いろんなところからドーパミンを得なさい」という教えだと思います。どんなことにも興味を持って熱中して、ドーパミンを獲得するチャンネルをたくさん持つ人は、依存の対極にあると言えます。そういう人は、薬物依存症にかかりにくく、依存症的行動に走ることも少ないはずです。

薬物依存症の治療は、患者の孤立を防ぎ、薬物以外のことにも興味を持っていただくことを目指します。ドーパミンを獲得するチャンネルを、できるだけたくさん持っていただくと、薬物に走る危険を減らすことができるからです。薬物依存症の治療に携わってきた者からすれば、薬物乱用防止教育の最終的な目標も同じだと思います。様々なことに興味を持ち、熱中することのできる子を育てること、すなわち「よく学び、よく遊ぶ」子を育てることが、薬物の誘惑に負けない人をつくることにつながると信じています。

研　究　論　文

<研究論文>

中学生における睡眠健康教育の効果に関する研究
― 睡眠習慣改善の実践による心の健康状態の変化 ―

A Study on the Effects of Sleep Health Education
in Junior High School Students:
Changes in Mental Health through Improvements of Sleeping Habits

小谷正登（関西学院大学）　岩崎久志（流通科学大学）
三宅靖子（梅花女子大学）

本研究では、中学生を対象に授業形式の睡眠健康教育と２週間の目標行動実施の実践を行い、その実践前、実践後および２か月後の３回にわたって睡眠習慣と心的状態の変化を検討する、Pre-Post研究モデルの質問紙調査を行った。その結果、目標行動の実施によって睡眠習慣が改善し、就寝時刻が早期化しただけでなく、起床時覚醒状態などが向上した。また、調査回数を重ねる中で自尊感情と学習意欲が高まりストレス反応度と抑うつ度が低下する傾向および睡眠の質の高さが睡眠の状態と心の健康状態に関連していることが明らかにされた。以上、睡眠習慣の確立によって心の健康状態の維持・向上が図られたことから、自己指導能力を育成することを目的とした積極的な生徒指導の一環としての睡眠健康教育の効果および睡眠を中心とした「生活臨床」の意義および有効性が示唆された。

キーワード：睡眠健康教育　心の健康状態（メンタルヘルス）
睡眠習慣　中学生　生活臨床

１．はじめに

24時間型社会の進行による夜型のライフスタイルの増加などにより、多くの日本人が年代を問わず慢性的な睡眠不足に陥っていると言われる。そして、短期間の睡眠不足でも、情動的な不安定や抑うつのリスクが増大することが近年の研究で示唆されている。また、現代人にみられる抑うつ傾向や「キレやすさ」の一部に睡眠不足が関連していることが推測され、さらに長期間にわたる睡眠不足が、うつ病や不安障害の発症などのメンタルヘルス上の課題につながる危険性も指摘されている（NCNP,2013）。これに対し、1965年当時９時間であった10～15歳の平均睡眠時間（NHK放送世論調査所,1967）が、2015年には10歳以上の小学生で８時間35分、中学生では７時間49分となっており、その短縮化が顕著である（NHK放送文化研究所,2016）。

一方、平成29年度における不登校の小中学生は前年度比10,348人増の144,031人、不登校の児童生徒の割合は、小中学校1.47%（前年度1.35%）であった（文部科学省,2019）。加えて、不登校の要因・背景の多様化・複雑化は進んでおり、中学校３年生を対象とした「平成18年度不登校実態調査」（不登校生徒に関する追跡調査研究会,2014）では、「平成５年度不登校実態調査」にはない選択肢である「生活リズムの乱れ」が２番目に多く選択され（34.2%）、不登校継続の理由としても４番目（33.5%）にあげられている。このことは、夜更かし、昼夜逆転の生活などの睡眠習慣の乱れが「生活リズムの乱れ」につながり、不登校の大きな原因の一つになっていると推測できる。そして、松田（2011）は中学校調査の結果から、こころの健康問題で精神医療の専門機関の治療を受けている生徒が在籍している学校が、調査対象校全体の84%であったと報告しており、中学生の心の健康状態の課題が拡大している様子がうかがえる。また、三池（2002）は医学的見地から、不登校状態となった児童生徒の多くが慢性疲労症候群の診断基準を満たし、その背後に夜型生活の進行による「生活リズムの乱れ」があるとし、メンタルヘルスケアの必要性を述べている。加えて、小谷ら（2010）は小学生対象の生活実態調査の結果を分析・考察し、睡眠を中心とする「生活臨床（生活の立て直し）」の実践が、自らの心身の健康を適切に管理・改善するという自己指導能力を育成することを目的とした積極的な生徒指導の一環としての有効性と可能性を有していることを示唆している。さらに、中学校学習指導要領（平成29年３月告示）の保健体育では保健分野において、「（１）ア（イ）健康の保持増進には、年齢、生活環境等に応じた運動、食事、休養及び睡眠の調和のとれた生活を続ける必要があること。」と、その内容が述べられ、教育課程における睡眠健康教育の必要性が示されている（文部科学省,2018）。そして、田村ら（2016）は中学校１年生229名を対象とした睡眠健康教育の実施によって生徒の睡眠習慣が改善し、日中の眠気の軽減に効果があったとしている。

そこで、以上の先行研究などの知見を受け、本研究では、調査対象の生徒数を拡大し、心の健康状態に関する調査項目を加えた上で、「睡眠健康教育」の実践後の一定期間を経た状態も含めた同教育の実践を行った。そして、生徒指導における睡眠を中心とした「生活臨床」の意義、さらに睡眠習慣の改善による心の健康状態（メンタルヘルス）の変化を考察し、心の健康状態を維持・向上させる上での同教育の効果および睡眠を中心とした「生活臨床」の有効性を検討することを目的とする。

なお、本論文では「睡眠健康教育」を白川（2014）の定義をもとに、「睡眠健康に関する幅広い科学的知識を伝えることによって、自己のQOLや健康の維持にとっての睡眠の重要性を認知させ、健全な睡眠を保つために不適切な生活習慣の改善方策を提示すること」と定義する。また、「生活臨床」を特定の課題を抱える人々への支援とは限定せず、「睡眠習慣などの生活習慣の乱れに対応する生活全体の立て直しを図るためのコミュニティ・アプローチおよびメンタルヘルス向上の方策としての方針さらにその内容」（小谷,2019）として定義する。

２．方法

⑴　調査・分析対象

Ａ市立中学校４校に在籍する中学校１～３年生１,599名（１年生505名;２年生651名;３年生443名，男子781名;女子760名;性別不明58名）を調査対象とし、回答を得た。このうち、回答に不備のあった者を除く1,541名（１年生485名;２年生631名;３年生425名，男子781名;女子760名）を分析対象とした。

⑵　調査方法・時期

学校長および養護教諭などの調査協力への同意が得られたＡ市内の公立中学校４校において、「睡眠健康教育」を内容とする授業を施す前後での心身の状態などを比較するPre-Post研究モデルの調査を行った。実践内容は以下の通りであった。睡眠習慣の確立の重要性を教示する「睡眠健康教育」の実施前に、１回目の自記式質問紙調査を行った（Pre：以降、「第１回」と表記）。その後、全学年対象の全校集会（特別活動：健康安全・体育的行事）を用い、筆者による１単位時間（50分）の「睡眠健康教育」の授業を実施し、「生活習慣チェックリスト」をもとに生活習慣確立のための目標を設定させた。そして、同日より２週間にわたって「睡眠日誌」を毎日記入させながら目標行動を実行させた（「生活臨床」）後、同様の内容で２回目の質問紙調査を行った（Post Ⅰ：以降、「第２回」と表記）。さらに約２か月間の日常生活を送った後、３回目の質問紙調査を同様の内容で実施した（Post Ⅱ：以降、「第３回」と表記）。調査時期は2012年９月～2013年２月であった。

⑶　質問紙の調査項目の内容（全回数共通）

質問紙の項目の内容は、以下の通りであった。

①フェイスシート：学年、性別などの４項目

②本人の生活実態について

ア.「睡眠の状態（睡眠習慣）」に関する11項目（「睡眠障害度」を測定する６項目を含む）

イ.「心身の状態（心的状態）」に関する71項目

・自尊感情（10項目）

・学習意欲（10項目）

・ストレス反応度（20項目）

・抑うつ（度）状態（18項目）

・不登校傾向（13項目）

⑷　調査材料

①「睡眠健康教育」の授業の教材

三池（2014）は、良質の睡眠の三要素として夜間の基本睡眠時間、睡眠リズム（レム睡眠とノンレム睡眠のリズム）および時間帯（19時～翌日の７時）を示している。この睡眠の三要素と、そのメカニズムなどについて、粂（2011）のパワーポイント（PPT）・スライド資料をもとに作成したPPTのスライドとワークシートを使用して授業を行った。

②生活習慣チェックリスト

睡眠の質の向上に必要と考えられる10項目の習慣行動（「夜の11時までにふとんやベッドに入る」など）を内山（2002）および田中ら（2010）のチェックリストを参考に抽出し、チェック項目とした。各項目について「できていること」に○、「頑張ればできそうなこと」には△、「できそうにないこと」には×で回答を求め、△の項目の中から３項目を今後の目標として設定させた。

③睡眠日誌

粂（2011）による睡眠日誌（睡眠記録表）および中学生版の睡眠日誌（田中,2010）をもとに、睡眠日誌を作成した。そして、毎日の就寝・起床時刻、睡眠時間（帯）の記入に加え、各目標の達成度、寝つき・寝起き・睡眠の満足度・やる気・朝の食欲の状態を三段階（○・△・×）で自己評価（フィードバック無し）させた。なお、同日誌への記入による目標行動設定・実行とセルフモニタリングが朝の会などの学級活動で生徒各自によってなされるよう、学校長および学級担任へ協力および配慮の依頼を行った。

⑸　倫理的配慮

生活習慣チェックリスト、３回の質問紙調査および睡眠日誌を使用して睡眠健康教育を行うこと、同教育が中学生の生活習慣改善を図る取組の一つであることを、事前に書面で学校長および保護者に伝え、調査実施の了解を得た。また調査実施にあたり、人権保護と個人情報保護に配慮するため、著者の所属機関による倫理審査と承認を受けた。

⑹　データ分析

「睡眠の質」を測定する指標として「睡眠障害度」の程度を取り上げ、睡眠障害度を測定する質問票である「日本語版ピッツバーグ睡眠質問票（PSQI－J）」（土井ら,1998）をもとに作成された「（SQIDS）毎日の睡眠を評価する質問票」（岡野ら,2008）を使用した。同尺度では、

1）睡眠の質、2）入眠時間、3）実睡眠時間、4）睡眠効率、5）睡眠困難、6）眠剤の使用、7）日中覚醒困難の7項目の得点を合計したものを睡眠障害度とし、得点が高いほど睡眠の質が低いと評価できる。なお本調査では、「6）眠剤の使用」を除いたため理論的な得点範囲は0～17点となる。

「心身の状態」に関する項目の中で、自尊感情の測定にあたっては、Rosenberg（1965）の自尊感情尺度の日本語版尺度（星野,1970）の質問項目を大学教員5名（内2名は学校心理士）、公立小・中学校教員3名の計8名によって対象者が回答しやすいような文言に修正し、調査を実施した。質問項目は、逆転項目5項目を含む10項目で構成されている。評定は4件法を用い、「とても思う」を4点、「思う」を3点、「思わない」を2点、「全然思わない」を1点（逆転項目ではこの反対）とした。10項目による尺度得点の理論的範囲は10～40点となる。

次に、学習意欲の測定では,「学芸大式学習意欲検査（簡易版）」（下山ら,1983）を使用した。同尺度は、8側面（全40項目）から学習意欲を測定可能であるが、調査対象者の負担を考え、自主的学習態度と達成志向の2側面（各5項目計10項目）のみを測定した。評定は4件法を使用し、「全くあてはまらない」を1点、「どちらかといえばあてはまらない」は2点、「どちらかといえばあてはまる」は3点、「とてもあてはまる」を4点とした。10項目による尺度得点の理論的範囲は10～40点となる。

ストレス反応度の測定には、中学生用ストレス反応尺度（岡安ら,1992）とほぼ同等の因子構造を有するとされる「小学生用ストレス反応尺度（SRS-C）」（嶋田ら,1994）を使用した。同尺度は、「身体的反応」、「抑うつ・不安感情」、「不機嫌・怒り感情」、「無気力」の4因子から成り、各因子は5項目計20項目で構成された。評定は4件法を用い、「全くあてはまらない」を1点、「あまりあてはまらない」を2点、「少しあてはまる」を3点、「よくあてはまる」は4点とした。理論的な得点範囲は各項目で5～20点、合計20～80点となる。

そして、抑うつ状態（抑うつ度）については、Birleson（1981）によって作成され、村田ら（1996）によって日本語訳された児童用抑うつ自己評価尺度（DSRSC）を使用した。なお、同尺度は中学生対象にも実施されている（永井,2008）。質問項目は、逆転項目10項目を含む18項目で構成され、3件法を用いた評定では「いつもそうだ」を2点、「ときどきそうだ」を1点、「そんなことはない」を0点（逆転項目ではこの反対）とした。得点の理論的範囲は0～36点となる。

次に、登校はしているが欠席願望や登校回避願望を持つ中学生がいる現状を踏まえ、不登校の前駆的状態としての不登校傾向を測定することを目的に作成された「不登校傾向尺度」（五十嵐・萩原,2004）を使用した。同尺度では4側面13項目（逆転項目1項目を含む）で構成され、4件法の評定を用い、「あてはまる」を4点、「少しあてはまる」を3点、「あまりあてはまらない」を2点、「あてはまらない」を1点とした（逆転項目ではこの反対）。13項目による尺度得点の理論的範囲は13～52点となる。

以上の結果をもとに、睡眠習慣の改善状態を確認するためχ^2検定と残差分析を行い、調査回数と睡眠習慣の諸側面との関連性を検討した。さらに、「睡眠健康教育」実施前後における睡眠の質と心的状態の変化を確認するため、分散分析および多重比較を行った。なお、全てのデータの分析にはSPSSバージョン25を使用した。

3．結果と考察

(1)「睡眠健康教育」実施前後における睡眠習慣の変化

睡眠の状態に関する6項目の質問について、授業前（「第1回」）、2週間の目標行動実施後（「第2回」）および、その2か月後（「第3回」）の睡眠習慣の変化を分析することを目的に、調査回数（時期）と睡眠習慣の諸側面を示す６項目をクロス集計し、全体（１～３年生）を対象にχ^2検定を行った。次に、睡眠の諸側面の選択肢毎の有意差検定として残差分析（ハバーマン・Haberman法）を実施した。

この結果、平日の就寝時刻との関係では、第１回の割合では有意な差はなかったが、第２回の割合は「24時以降」の群で有意に低くなった（n=469, −3.0）。そして、第３回の割合は「22時30分以前」の群で有意に低く（n=270, −3.1）、「24時以降」の群で有意に高かった（n=575, 4.2）。次に、中学生対象の質問紙調査の結果では、起床時の気分良好群は気分不良群と比較し、他の睡眠状態、食生活および心身の状態などの良好な状態を示す者の割合が有意に高いとしている（小谷ら,2012）。そこで、睡眠の一側面を示すものではあるが、質の高い睡眠が取れていれば起床時の状態はよいと考えた。そこで、起床時覚醒状態について尋ねた質問（Q11：朝すっきり目がさめる・気分よく起きられる）に対する「よくある」、「時々ある」、「あまりない」、「全くない」の回答の中で、「よくある」を起床時覚醒状態の程度が高い群（以降、睡眠高群）、「あまりない」と「全くない」を合わせてその程度が低い群（以降、睡眠低群）、そして「時々ある」をその中間にある群（以降、睡眠中群）として群分けを行った。この起床時覚醒の状態との関係では、第１回の割合は睡眠高群で有意に低く（n=186, −2.3）、睡眠低群で有意に高かった（n=688, 3.2）。第２回の割合は睡眠高群で有意に高く（n=244, 3.0）、睡眠低群で有意に低かった（n=597, −2.8）。なお、第３回では有意な差はなかった。

以上から、目標行動の実施（第２回）によって、調査回数（第１・２回）と平日の就寝時刻との関連性が示され、目標行動実施直後における就寝時刻の前進化がうかがえた。また、起床時覚醒状態が良好となり、睡眠の諸側面が変化し睡眠習慣が改善されたことがうかがえた。一方、第３回（約２か月間の日常生活を送った後）において第２回の状態が維持されなかったことから、学校教育の場における継続的な睡眠健康教育の実施の必要性を示唆していると考えられる。

⑵ 「睡眠健康教育」の実施前後における心的状態の変化

授業前（「第１回」）、２週間の目標行動実施後（「第２回」）、その２か月後（「第３回」）における平均睡眠時間（以降「睡眠時間」、７時間30分を7.50と表記）と睡眠障害度および心的状態５項目（自尊感情・学習意欲・ストレス反応度・抑うつ度・不登校傾向）計７項目の変化を検討することを目的に、以下のような分析を行った。

調査回数と前述した第１回時の起床時覚醒状態（以降、「睡眠の質」と表記）、さらに同回数と中学生の学年・性別における以上の７項目の平均時間・得点との関連を検討するため、各平均値を従属変数とした３（調査回数）×３（睡眠の質:高群・中群・低群）・３（学年）・２（性別）の３種類の２要因分散分析を実施した。

３（調査回数）×３（睡眠の質：高群・中群・低群）の２要因分散分析の結果（表１）では、睡眠時間、自尊感情、ストレス反応度および抑うつ度の４項目の平均時間・得点において、有意な調査回数の主効果があったため、有意水準５％としたBonferroni法による多重比較を行った。その結果、睡眠時間で第１・２回は第３回より有意に長かった。自尊感情平均得点では各回数間に有意差があり回数を重ねる毎に高まり、抑うつ度平均得点でも各回数間に有意差があり、回数を重ねる毎に低下した。ストレス反応度平均得点では、第２・３回は第１回より有意に低くなった。不登校傾向の平均得点では、有意な差はなかった。そして、以上５項目全ての平均得点において、有意な睡眠の質の主効果もあったため、Bonferroni法（有意水準５％）による多重比較を行った。その結果、睡眠の質の各群間に有意差があり、睡眠時間が長いほど睡眠の質が高いことが示された。一方、

表１　各平均時間・得点の調査回数別、睡眠の質別の平均値と標準偏差、および分散分析の結果

(平均睡眠時間)	第1回			第2回			第3回			全体			分散分析の結果（上段:F値、下段:有意差のある群間）		
n		1,414			1,414			1,414			1,414				
平均値		7.22			7.27			7.11			7.20		調査回数	睡眠の質	交互作用
(SD)		(1.17)			(0.97)			(1.12)					11.86**	23.13***	0.59 n.s.
睡眠の質	高群	中群	低群	高群	中群	低群	高群	中群	低群	高群	中群	低群	1・2>3*	高>中>低*	
n	188	528	698	188	528	698	188	528	698	188	528	698			
平均値	7.56	7.32	7.06	7.52	7.37	7.13	7.43	7.18	6.96	7.50	7.29	7.05			
(SD)	(1.12)	(1.04)	(1.25)	(0.93)	(0.96)	(0.96)	(1.50)	(1.02)	(1.06)						
(睡眠障害度)	第1回			第2回			第3回			全体			分散分析の結果（上段:F値、下段:有意差のある群間）		
n		1,299			1,299			1,299			1,299				
平均値		4.49			4.04			4.26			4.26		調査回数	睡眠の質	交互作用
(SD)		(2.13)			(1.83)			(1.85)					11.15**	49.45***	8.86***
睡眠の質	高群	中群	低群	高群	中群	低群	高群	中群	低群	高群	中群	低群	1・3>2*	高<中<低*	高<中<低（1・3回）*
n	174	481	644	174	481	644	174	481	644	174	481	644			高<低*, 中<低（2回）*
平均値	3.32.	4.20	5.03	3.51	3.83	4.35	3.57	4.08	4.58	3.47	4.03	4.65			1>2（中）*, 1>2・3（低）*
(SD)	(1.54)	(1.81)	(2.31)	(1.48)	(1.56)	(2.03)	(1.26)	(1.72)	(2.01)						
(自尊感情)	第1回			第2回			第3回			全体			分散分析の結果（上段:F値、下段:有意差のある群間）		
n		1,274			1,274			1,274			1,274				
平均値		23.04			23.93			24.29			23.75		調査回数	睡眠の質	交互作用
(SD)		(4.13)			(4.31)			(4.31)					78.48***	30.57***	0.64 n.s.
睡眠の質	高群	中群	低群	高群	中群	低群	高群	中群	低群	高群	中群	低群	1<2<3*	高>低*	
n	155	481	638	155	481	638	155	481	638	155	481	638		中>低*	
平均値	24.41	23.63	22.26	25.33	24.63	23.07	25.64	24.83	23.56	25.13	24.36	22.96			
(SD)	(4.42)	(3.85)	(4.11)	(4.49)	(4.07)	(4.26)	(4.62)	(4.04)	(4.30)						
(学習意欲)	第1回			第2回			第3回			全体			分散分析の結果（上段:F値、下段:有意差のある群間）		
n		1, 338			1, 338			1, 338			1, 338				
平均値		24.29			24.61			24.74			24.55		調査回数	睡眠の質	交互作用
(SD)		(6.28)			(6.33)			(6.34)					1.15 n.s.	38.99***	3.09*
睡眠の質	高群	中群	低群	高群	中群	低群	高群	中群	低群	高群	中群	低群		高>中>低*	1<2・3（低）*
n	174	505	659	174	505	659	174	505	659	174	505	659			
平均値	27.04	25.28	22.81	26.98	25.42	23.36	26.52	25.54	23.66	26.85	25.41	23.28			
(SD)	(7.11)	(5.84)	(5.98)	(7.19)	(6.09)	(6.00)	(7.29)	(5.95)	(6.17)						
(ストレス反応度)	第1回			第2回			第3回			全体			分散分析の結果（上段:F値、下段:有意差のある群間）		
n		1,241			1,241			1,241			1,241				
平均値		37.59			35.39			35.10			36.03		調査回数	睡眠の質	交互作用
(SD)		(13.10)			(13.40)			(13.57)					30.43***	69.04***	0.54 n.s.
睡眠の質	高群	中群	低群	高群	中群	低群	高群	中群	低群	高群	中群	低群	1>2・3*	高<中<低*	
n	171	477	593	171	477	593	171	477	593	171	477	593			
平均値	30.94	35.10	41.50	29.25	32.78	39.26	29.41	32.60	38.76	29.87	33.49	39.84			
(SD)	(11.37)	(12.04)	(13.14)	(11.74)	(12.16)	(13.65)	(11.29)	(12.42)	(14.04)						
(抑うつ度)	第1回			第2回			第3回			全体			分散分析の結果（上段:F値、下段:有意差のある群間）		
n		1,259			1,259			1,259			1,259				
平均値		11.24			10.59			10.21			10.68		調査回数	睡眠の質	交互作用
(SD)		(5.69)			(5.84)			(5.74)					24.57***	65.74***	2.05 n.s.
睡眠の質	高群	中群	低群	高群	中群	低群	高群	中群	低群	高群	中群	低群	1>2>3*	高<中<低*	
n	162	473	624	162	473	624	162	473	624	162	473	624			
平均値	8.25	10.01	12.95	7.86	9.57	12.08	7.83	9.00	11.75	7.98	9.53	12.26			
(SD)	(5.16)	(5.29)	(5.55)	(5.24)	(5.56)	(5.77)	(5.32)	(5.37)	(5.70)						
(不登校傾向)	第1回			第2回			第3回			全体			分散分析の結果（上段:F値、下段:有意差のある群間）		
n		1,313			1,313			1,313			1,313				
平均値		25.16			25.20			24.89			25.08		調査回数	睡眠の質	交互作用
(SD)		(8.05)			(8.15)			(8.32)					0.37 n.s.	46.24***	1.66 n.s.
睡眠の質	高群	中群	低群	高群	中群	低群	高群	中群	低群	高群	中群	低群		高<中<低*	
n	179	479	655	179	479	655	179	479	655	179	479	655			
平均値	22.02	23.68	27.11	21.83	23.76	27.18	22.19	23.67	26.52	22.01	23.70	26.94			
(SD)	(7.69)	(7.24)	(8.21)	(7.47)	(7.41)	(8.34)	(7.66)	(7.84)	(8.50)						

*** p＜.001　* p＜.05

自尊感情では高群と中群の間に有意差はなかったが、高群および中群は低群より有意に高かった。ストレス反応度、抑うつ度、不登校傾向３項目では、睡眠の質の各群間に有意差があり、睡眠の質が高いほど低いことが示された。なお、交互作用は有意ではなかった。

次に、睡眠障害度の平均得点においては、調査回数と睡眠の質の主効果および、調査回数と睡眠の質の交互作用が有意であった。調査回数と睡眠の質による交互作用について、調査回数における睡眠の質別の単純主効果の検討を行ったところ、第１・２・３回の全てにおいて有意差が確認された（順に、F（2,1296）＝56.21 ,p＜.001;F（2,1296）=20.54,p＜.001; F（2,1296）＝24.57, p＜.001）。さらに、Bonferroni法（有意水準５％）による多重比較を行ったところ、第１・３回において高群・中群・低群の順で有意に低かったが、第２回では高群と中群には有意な差がなく、高群と中群は低群より有意に低かった。次に、睡眠の質における調査回数別の単純主効果の検討を行ったところ、中群および高群において有意差が確認された。さらに、

Bonferroni法（有意水準５％）による多重比較を行ったところ、高群において有意な差はなかったが、中群では第１回は第２回より、低群では第１回は第２回および第3回より有意に高かった。学習意欲の平均得点においては、睡眠の質のみの主効果および、調査回数と睡眠の質の交互作用が有意であった。睡眠の質の主効果についてBonferroni法（有意水準５％）による多重比較を行ったところ、睡眠の質が高いほど学習意欲が高いことが示された。次に、調査回数と睡眠の質による交互作用について、睡眠の質における調査回数別の単純主効果の検討を行ったところ、低群において有意差が確認されたF（2,2670）＝10.32,p＜.001）。さらに、有意水準５％のBonferroni法による多重比較を行ったところ、低群で第２回および第３回は第１回より有意に高かった。

以上の結果、回数を重ねる毎に自尊感情が高まり抑うつ度が低下した。またストレス反応度においても同様の傾向が見られたことから、睡眠健康教育実施直後のみならず実践後の一定期間を経た状態においても、心の健康状態が向上したことが示唆された。一方、第３回で睡眠時間が短くなったことから継続的な指導の必要性がうかがえた。次に、睡眠の質の高い中学生ほど睡眠時間が長く、自尊感情と学習意欲が高く、睡眠障害度、ストレス反応度、抑うつ度および不登校傾向が低かったことから、睡眠の質の高さが睡眠の状態と心の健康状態に関連していることが推測できた。なお、睡眠障害度では調査回数と睡眠の質によってそれぞれの変化が異なっており、学習意欲では低群において第２回以降で第１回より高まっていることが示された。

３（調査回数）×３（学年）の２要因分散分析の結果では、学習意欲と不登校傾向を除く５項目の平均時間・得点において、有意な調査回数の主効果があったため（平均睡眠時間：F（1,1419）=19.80,p＜.001・睡眠障害度：F（1,1296）=36.86,p＜.001・自尊感情：F（1,1273）＝113.93,p＜.001・ストレス反応度：F（1,1241）=47.10,p＜.001・抑うつ度：F（1,1259）=47.84,p＜.001）、Bonferroni法（有意水準５％）による多重比較を行った。その結果、睡眠時間で第３回より第１・２回で有意に長く、睡眠障害度では第２・３回は第１回より有意に低く、第３回は第２回より有意に高かった。自尊感情と抑うつ度では各回数間に有意差があり、自尊感情は回数を重ねる毎に高まり、抑うつ度は低くなったことが示された。ストレス反応度では第２回と第３回に有意な差はなかったが、第２・３回は第１回より有意に低かった。抑うつ度では各回数間に有意差があり、回数を重ねる毎に低くなった。

次に、以上の５項目の平均時間・得点において、有意な学年別の主効果もあったため（平均睡眠時間：F（2,1419）=31.37,p＜.001・睡眠障害度：F（2,1296）=5.91,p＜.01・自尊感情：F（2, 1273）=9.42,p＜.001・ストレス反応度：F（2,1241）=7.13,p＜.01・抑うつ度：F（2,1259）=26.25,p＜.001）、Bonferroni法（有意水準５％）による多重比較を行った。その結果、学年進行で睡眠時間が短くなり、睡眠障害度では３年生は１年生より有意に高かった。一方、２・３年生は１年生より自尊感情が有意に低く、ストレス反応度と抑うつ度ではともに２・３年生は１年生より有意に高かった。なお、交互作用は全ての項目で有意ではなかった。

学習意欲の平均得点においては、調査回数と学年の主効果および、調査回数と学年の交互作用が有意であった。調査回数と学年による交互作用について、調査回数における学年別の単純主効果の検討を行ったところ、第１・２・３回の全てにおいて有意差が確認された（順に、F（2, 1337）＝21.29 ,p＜.001;F（2, 1337）=25.01,p＜.001; F（2, 1337）＝22.74, p＜.001）。さらに、Bonferroni法（有意水準５％）による多重比較を行ったところ、全ての回において、２年生は１年生および３年生より有意に低かった。次に、学年における調査回数別の単純主効果の検討を行ったところ、３年生においてのみ有意差が確認された（F（2,2674）＝7.48,p＜.01）。さらに、Bonferroni法（有意水準５％）による多重比較を行ったところ、第３回が第１回より有意に高かった。

不登校傾向の平均得点においては、調査回数と学年の主効果および、調査回数と学年の交互作用が有意であった。調査回数と学年による交互作用について、調査回数における学年別の単純主効果の検討を行ったところ、第２・３回において有意差が確認された（順に、F（2,1314）＝4.30 ,p＜.05;F（2,1314）=5.54,p＜.01）。さらに、Bonferroni法（有意水準５％）による多重比較を行ったところ、１年生は第２回において３年生より、第３回においては２年生より有意に低かった。次に、学年における調査回数別の単純主効果の検討を行ったところ、３年生においてのみ有意差が確認された（F（2,2628）＝7.28,p＜.01）。さらに、Bonferroni法（有意水準５％）による多重比較を行ったところ、第２回、第１回、第３回の順で有意に高かった。

以上から、睡眠時間、自尊感情、ストレス反応度および抑うつ度で、３（調査回数）×３（睡眠の質）の分散分析と同様の結果が示された。そして、睡眠障害度では一定の通常生活を送ることで睡眠の状態が悪化していることが推測できた。次に、以上の５項目で有意な学年差があった。睡眠時間が学年進行で短縮し、睡眠障害度も１年生より３年生が有意に高かったことから、学年が進むほど睡眠習慣が乱れている様子がうかがえた。また、２・３年生が１年生より自尊感情が低く、ストレス反応度と抑うつ度が高いことから上級生における心の健康状態の課題が推測できた。さらに、３年生の学習意欲の変化は、全体の変化と異なっていた。不登校傾向では、３年生において全体より第２回が最も高くなった。また、回数によって変化が異なる中、１年生より２・３年生が高かった。

３（調査回数）×２（性別）の２要因分散分析の結果では、不登校傾向を除く６項目の平均時間・得点において、有意な調査回数の主効果があったため（睡眠時間：F（１,1373）=15.96,p＜.001・睡眠障害度：F（１,1254）=36.09,p＜.001・自尊感情：F（１,1237）=111.29,p＜.001・学習意欲F（１,1294）=6.99,p＜.01・ストレス反応度：F（１,1199）=50.29,p＜.001・抑うつ度：F（１,1221）=45.93,p＜.001）、有意水準５％のBonferroni法による多重比較を行った。その結果、睡眠時間で第１回と第２回の間に有意差はなかったが、第３回より第１・２回は有意に長かった。睡眠障害度では第２・３回は第１回より有意に低く、第３回は第２回より有意に高かった。自尊感情では回数間に有意差があり、回数を重ねる毎に高まったことが示された。学習意欲では、第２回と第３回では有意な差はなかったが、第２・３回は第１回より有意に高かった。ストレス反応度および抑うつ度ではともに、第２回と第３回では有意な差はなかったが、第１回は第２・３回より有意に低かった。次に、睡眠障害度、学習意欲、抑うつ度と不登校傾向を除く以下の３項目の平均時間・得点において、有意な性別の主効果もあったため（睡眠時間：F（1,1373）=18.91,p＜.001・自尊感情：F（2,1237）=17.85,p＜.001・ストレス反応度：F（1,1199）=23.89,p＜.001）、有意水準５％のBonferroni法による多重比較を行った。その結果、男子の方が有意に睡眠時間が長く、自尊感情が高かった。一方、ストレス反応度では女子の方が有意に高かった。なお、交互作用は全項目で有意ではなかった。

以上から、本分析の結果においても前述の二つの分析と同様に、自尊感情・学習意欲の高揚とストレス反応度・抑うつ度の低下が確認され、睡眠健康教育実施直後のみならず実践後の一定期間を経た状態においても、心の健康状態の向上が示唆された。そして、第３回で睡眠時間の短縮、睡眠障害度の上昇が確認できたことから継続的な指導の必要性がうかがえた。一方、不登校傾向については同教育実施の影響を確認できなかった。今後、同傾向との関連性について詳細な検討が必要と考えられる。なお性差については、女子の方が睡眠時間が短く、自尊感情が低く、ストレス反応度が高いことが示された。

4．総合的考察

本論文では、生徒指導における睡眠を中心とした「生活臨床」の意義、心の健康状態（メンタルヘルス）を維持・向上させる上での同教育の効果および睡眠を中心とした「生活臨床」の有効性を検討した。睡眠の状態について、目標行動の実施によって、目標行動実施直後における就寝時刻の前進化がうかがえた。また、起床時覚醒状態が良好となり、睡眠習慣が改善されたことがうかがえた。一方、第3回において、第2回の状態が維持されなかったことから、継続的な睡眠健康教育の実施の必要性が示唆された。

そして、睡眠健康教育実施前後における睡眠時間、睡眠障害度および心的状態5項目の変化について三種類の二要因分散分析を行った。全ての分析において、回数を重ねる毎に自尊感情が高まり、抑うつ度が低下した。そして、目標行動実施直後において学習意欲の高揚、ストレス反応度および睡眠障害度の低下が見られた。

次に、睡眠の質の高い中学生ほど睡眠時間が長く、睡眠障害度が低かった。また自尊感情および学習意欲が高く、ストレス反応度、抑うつ度および不登校傾向が低かったことから、睡眠の質の高さが睡眠の様々な状態および心の健康状態に関連していることが推測できた。

また、全ての項目で学年差があり、睡眠時間は学年進行で短くなり、睡眠障害度も3年生が最も高かった。また2・3年生において自尊感情、学習意欲が低く、ストレス反応度、抑うつ度、不登校傾向が高かったところから上級生における心の健康状態の課題が示された。なお性差については、女子において有意に睡眠時間が短く、自尊感情が低く、ストレス反応度が高かった。女子の睡眠時間の短さについては、心理・社会的要因の影響が考えられるため、内的適応に応じた自尊感情形成への取り組み、および性差に応じた生徒指導の必要性が示された。

以上から、「睡眠健康教育」の実施による「生活臨床」の意識化と行動化が、自己指導能力を育成することを目的とした積極的な生徒指導の一環として、心の健康状態を維持・向上させる上で一定の有効性を有していることが推測できた。

5．今後の課題

以上の分析・考察結果には、調査期間が約3か月にわたっているため、季節による睡眠行動の変化に関する諸要因、さらに第2回より第3回では睡眠の諸状態が悪化する中で自尊感情の高揚、抑うつ度の低下などが見られたところから、友人・家族関係の状態などに関する様々な要因が影響している可能性が考えられる。また、本調査・研究で得られたデータは、無作為割り当てによる標本抽出を設定した計画にもとづいたものではなく、学校教育の場で実施したデータ収集であったため、社会的に望ましい回答を行おうとする一定のバイアスが調査対象者にかかった可能性も考えられる。このため、全ての中学生に本研究の結果を一般化できないこと、心身の変化が著しい状態にある心の健康状態に影響を与える諸要因（剰余変数）を検討できていないことなどの限界が存在する。そこで今後、調査計画に標本抽出を設けること、田村ら（2016）が実施しているように実験群と統制群による比較検討を行うことなどで剰余変数の統制を行い、生徒指導における睡眠健康教育の効果と有効性および睡眠を中心とした「生活臨床」の意義をより詳細に検討するつもりである。

＜文献＞

Birleson,P.（1981）T he validity of depressive disorder in childhood and the development of a self-rating scale. Journal of Child Psy-

chology and Psychiatry,22（1）,73-88.
土井由利子・簑輪眞澄・内山　真ほか（1998）「ピッツバーグ睡眠質問票日本語版の作成」『精神科治療学』第13巻第5号pp.755 - 769
不登校生徒に関する追跡調査研究会（2014）「不登校に関する実態調査―平成18年度不登校生徒に関する追跡調査報告書―」文部科学省 pp.9-12
星野命（1970）「感情の心理と教育（二）」『児童心理』第24巻第8号 pp.1445-1477
五十嵐哲也・萩原久子（2004）「中学生の不登校傾向と幼少期の父親および母親への愛着との関連」『教育心理学研究』第52巻第3号 pp.264-276
小谷正登・来栖清美・岩崎久志ほか（2010）「生徒指導に生かす睡眠を中心とした生活臨床の可能性―小学生への生活実態調査をもとに―」『生徒指導学研究』第9号pp.35-44
小谷正登・来栖清美・岩崎久志ほか（2012）「中学生における睡眠を中心とした生活臨床に関する研究―中学生8,059名への生活実態調査の結果をもとに―」『こども環境学研究』第8巻第3号pp.24-32
小谷正登（2019）「子どもの睡眠習慣と心身の状態の関連に関する研究―小学生対象の生活実態調査の結果をもとに―」『教職教育研究』第24号 pp.19-29
粂　和彦（2011）「2011/7/22 健康教育フォーラム（大阪）講演資料」 http://k-net.org/Osaka2011.pdf（2019年2月23日最終アクセス）
松田　修（2011）「首都圏の中学生の最近のメンタルヘルス問題」『日本公衆衛生雑誌』第58巻第2号pp.111-115
三池輝久（2002）『学校を捨ててみよう―子どもの脳は疲れはてている―』講談社 pp.32-63
三池輝久（2014）『子どもの夜ふかし　脳への脅威』集英社 pp.17-42
文部科学省（2018）『中学校学習指導要領（平成29年度告示）』東山書房 pp.126-129
文部科学省（2019）『平成30年度文部科学白書』日経印刷株式会社 pp.146-148
村田豊久・清水亜紀・森陽二郎ほか（1996）「学校における子どものうつ病―Birleson の小児期うつ病スケールからの検討―」『最新精神医学』第1巻第2号 pp.131-138
永井　智（2008）「中学生における児童用抑うつ自己評価尺度（DSRS）の因子モデルおよび標準データの検討」『感情心理学研究』第16巻第2号 pp.133–140
（NCNP）国立精神・神経医療研究センター（2013）国立精神・神経医療研究センター・三島和夫部長らの研究グループが、睡眠不足で不安・抑うつが強まる神経基盤を解明 https://www.ncnp.go.jp/pdf/press130214.pdf（2019年3月1日最終アクセス）
NHK放送文化研究所（2016）『データブック国民生活時間調査2015』NHK出版 pp.88-89
NHK放送世論調査所（1967）『テレビと生活時間』日本放送出版協会 pp.33-37・64-65
岡野泰久・井原智彦・玄地　裕（2008）インターネット調査を用いた夜間のヒートアイランド現象による睡眠障害の影響評価」『日本ヒートアイランド学会論文集』第3号 pp.22-33
岡安孝弘・嶋田洋徳・坂野雄二（1992）「中学生用ストレス反応尺度の作成の試み」『早稲田大学人間科学研究』第5巻第1号pp.23-29
Rosenberg,M.（1965）:Society and the adolescent self-image, *Prinston University Press*,pp.17-18.
嶋田洋徳・戸ヶ崎泰子・坂野雄二（1994）「小学生用ストレス反応尺度の開発」『健康心理学研究』第7巻第2号 pp.46-58
下山剛・林幸範・今林俊一ほか（1983）「学習意欲の構造に関する研究（2）―学習意欲の類型化の検討―」『東京学芸大学紀要第1部門　教育科学』34号 pp.139-152
白川修一郎（2014）「日本における睡眠健康教

育の現状と課題」『京都府立医科大学雑誌』第123巻第6号 pp.407-413
田村典久・田中秀樹・笹井妙子ほか（2016）「中学生に対する睡眠教育プログラムが睡眠習慣、日中の眠気の改善に与える効果：睡眠教育群と待機群の比較」『行動療法研究』第42巻第1号 pp.39-50
田中秀樹・出下嘉代・古谷真樹（2010）「思春期の睡眠問題と睡眠教育」『臨床精神医学』第39巻第5号 pp.623-637
内山真（2002）『睡眠障害の対応と治療ガイドライン』じほう pp.3-38

＜付記＞
本研究は、平成24年度科学研究費補助金（基盤研究（C）22530890, 研究代表者：小谷正登）の助成を受け、筆者のほか加島ゆう子（奈良女子大学附属中等教育学校）、木田重果（西宮市教育委員会）、下村明子（一宮研伸大学）、塩山利枝（芦屋市教育委員会）、来栖清美（NPO法人kokoima）、白石大介（武庫川女子大学名誉教授）の各氏による共同研究として実施した。本研究の一部は、日本生徒指導学会第14回大会において発表した。
本調査にご協力頂きましたA市立中学校の生徒・保護者・教職員の皆様に御礼を申し上げます。

実践研究報告

＜実践研究報告＞

包括的支援アプローチ適用によるADHDの疑いのあった母親同伴断続的不登校児童の継続的教室登校行動の形成

― 登校時の学校・家庭状況アセスメントの適用 ―

Shaping ADHD Suspected Child with Intermittent School Attendance Accompanying Mother to Continuous Classroom Attendance by Comprehensive Support Approach
：with Assessment of School and Home Condition on Attending School

小野昌彦（明治学院大学）　佐藤亮太朗（明治学院大学大学院）

本研究では、母親同伴断続的教室不登校児童（支援開始時小学２年）の継続的単独教室登校形成の為に、包括的支援アプローチ（小野、2017）の行動アセスメントに登校時の詳細な学校・家庭状況の情報収集を追加して適用した。対象児の母親同伴断続的教室不登校は、対象児が不快を訴えるとその場面を回避させる、あるいは家、校長室に滞在させるという保護者の対応が発現条件であり、対象児の家、校長室滞在に正の強化刺激が随伴していることが維持条件であった。保護者と教員の随伴性変容、対象児の生活リズムの修正、担任や同級生とのかかわり形成、医師と連携した早朝登校法を実施した結果、１カ月の支援で単独教室登校行動が形成され、その後６カ月の登校活性化支援を実施した。対象児は再登校以降、２年間単独教室登校し無欠席であった。本包括的支援アプローチは、母親同伴登校改善へ有効であることが示されたが、技法選択基準の明確化、客観的評価の検討が課題であった。

キーワード：断続的不登校　母親同伴登校　学校到着時刻　登校維持
登校活性化

１．問題と目的

学習理論の立場から不登校状態を定義すると、「基本的には、家庭-学校-家庭という往復パターンが家庭で停滞し、継続してしまった状態」（小林ら、1989）といえる。

小林ら（1989）は、家庭に滞在するという不登校行動によって、学校関連刺激により誘発された不安・恐怖などの不快状態が低減していることを指摘し、家庭に滞在する維持条件が存在する回避行動として不登校発現メカニズムを提唱している。

ところが、1980年代以降、不安・恐怖が言語応答や客観的尺度に現れないタイプの不登校が増加してきた（茨木、1986）。これらは、無気力や学業不振、怠学傾向など不登校行動の先行条件や随伴症状となっている。これらのタイプは、学校場面における学習困難などにより学校を回避するようになる。そして、家庭に閉じこもり、好みの活動に従事することでその状態が維持する。このように、不快状態を避けることと、家に滞在することが積極的に強化刺激を受けることと結びつき、慢性化へと進むことになる（小林ら、1989）。

以上のように多様なメカニズムによって不登校が発現することから、系統的な行動アセスメントが要請された（小林ら、1989）。不登校の行動アセスメントとは「不登校状態を形成し、それを維持している条件を明らかにし、登校行動のシェイピングにあたって必要とされる情報を収集すること」（小林ら、1989）である。

小林ら（1989）は系統的な行動アセスメントを備えた積極的アプローチを開発し、さまざまなタイプの不登校事例に適用し、再登校および再登校行動の維持を達成しながら、行動アセスメントの領域を拡大して包括的支援アプローチ（小野、2010）を構築してきた。

不登校の問題の一つとして母親同伴登校がある。母親が不登校児童生徒の不安低減要因、すなわち不安拮抗反応となっている場合、再登校を目標とした支援時には、学校場面での不安低減の為に母親を不安拮抗反応として活用する母親同伴登校による再登校行動形成が有効であることが多い。例えば、園山（2008）では母親が小学２年生の不登校女児の登校行動形成の為に適用した段階的再登校法の不安拮抗刺激として母親同伴登校を実施し再登校に導き、予後が良好であったことを報告している。

また、金山・小野（2007）は、保健室登校児童を母親同伴登校により教室登校に導いた事例を報告している。この事例は、母親が小学６年生の保健室登校女児の教室登校行動形成時の援助者となり通学時、教室内母親同伴登校を実施し、教室登校を達成し予後が良好であった。

以上のように母親同伴登校は、不登校児童生徒の再登校行動形成を目的とした支援における一時的支援形態であるといえよう。そして、不安が強い事例の場合は、母親を対象の不安を低減させる手立てとして、不安が低い事例の場合は、行動形成支援者として活用されてきた。そして、不登校児童生徒が母親不在の状態で教室内での授業参加に正の強化刺激が随伴するようになることが単独登校に重要であることが明らかになっている。

ところが、筆者らは、前述の再登校支援目的の母親同伴登校ではなく、母親が児童と登校し学校内での活動に同伴し、児童の不快を訴える場面を積極的に避けさせ学校の教室以外の場所に母親と滞留する母親同伴断続的教室不登校事例に介入した。具体的には、学校場面において児童が、ある教科の時間に不安を訴えると母親が学校内で受け止める、学校内での教員の対応に介入し対象児の教室困難場面から自家用車や校長室、自宅に回避させるといった対応がなされていた。児童の学校場面での泣きや不快の訴えが教室不登校発現前条件であり、同伴した母親が対象児の不快を担任に訴えて教室場面から回避させる、不快な状態がないように教員に要請する対応が教室不登校発現条件、校長室や自家用車・自宅での母親と児童の同伴滞留が教室不登校維持条件である事例であった。

母親同伴登校であるが、断続不登校で母親が家庭内での滞在維持条件ではなく、児童に学校内で不安を訴える授業だけ参加させない阻害要因、結果として学校内での正の強化刺激を児童が受けないようにして積極的に授業参加させず、学校内を変えようとする母親同伴断続登校である。

包括的支援アプローチにおいて、母親が学校内で積極的に不登校の維持条件となっている母親同伴登校の断続不登校に対する再登校及び再登校維持を目的とした行動アセスメント、介入方法の検討は充分ではないといえる。

そこで、本研究においては、母親が学校内で積極的に不登校の維持条件となっている母親同伴登校の断続不登校に対して、小野（2017）に母親同伴不登校の行動アセスメントを追加した包括的支援アプローチを適用し、その有効性と課題を検討する。

２．長期の母親同伴断続的教室不登校の行動アセスメントと支援の着眼点

以上のように、母親同伴断続的教室不登校に対する支援を行う為には、同伴登校時に学校内で母親が児童生徒や教員とどのような随伴性になっているのか、また、校長、教員と児童生徒との随伴性の情報収集も含めた系統的な行動アセスメントが要請される。すなわち、母親同伴断続的教室不登校の行動アセスメントは、長期の母親同伴断続的教室不登校を形成・維持している条件を明らかにし、再登校の形成及び維持に必要な情報を収集することであるといえる。

また、長期の母親同伴断続的教室不登校児童生徒及び家庭、学校への介入は、アセスメントで得られた情報を統合して進める。長期の母親同伴断続的教室不登校の変容、再登校の形成においては、母親同伴断続的教室不登校状態を誘発し、維持させている要因の除去または軽減と再登校形成をいかに有効かつ効率的に進めるかが問題となる。

３．包括的支援アプローチの概要

小野（2017）に母親同伴断続的教室不登校に対する行動アセスメント及び介入手続きを組み込んだ支援アプローチを以下に示す。

⑴　ステップ１：支援関係の設定

①支援契約：本人が直接、または電話にて「援助依頼」を行い、担当者が「受諾」したことを契約成立とし、インテーク面接以降の展開は本人からの申請による契約を原則とする（小林ら、1989）。

②初期対応プログラム：ステップ１が実施できない場合（長期未支援も含む）に実施する（小野、2017）。

⑵　ステップ２：個別支援計画の設定

①基本的進め方の説明：本人、支援にかかわる教職員、母親に対して支援方針、プロセスの説明をする。

②再登校予定日及びセッションの設定：ア.再登校予定日の設定、イ.家族との支援関係確立、ウ.学校関係者との支援関係確立、エ.家族、学校関係者、専門支援機関との連携関係を設定する。

⑶　ステップ３：再登校支援計画の作成と実施

不登校の行動アセスメントの着眼点を以下に示す。

①不登校発現前の行動特性：社会的・情緒的発達状況、知的・学習面、性格・行動面についての情報を収集する。

②不登校発現の経過（本人、家庭、学校から情報収集）：不登校になる経過（小野、2017）、母親同伴教室登校、校長室登校の前後の状況を収集する。

③不登校発現後の状況：本人、家庭、学校から情報を収集する。欠席に関する学校、家庭のかかわり方の情報を収集する（小野、2017）。

④行動アセスメントとしての情報統合：①から③で収集した情報を整理し不登校発現前条件、不登校（断続不登校）及び母親同伴登校、校長室登校維持条件を明らかにする。

⑤個別支援計画の立案：ア．基礎的アプローチ（学習、体力、社会性の指導）、イ．個々の状況に応じた支援：再登校する際に主治医と連携する、ウ．登校行動形成プログラムの実施について計画を立案する。

⑷　ステップ４：再登校以降の支援計画の設定

①再登校時及び再登校以降の情報収集：再登校後の学校、家庭における活動、家庭における状況（日常生活習慣、休ませ方等）、その他（通学手段等）について情報を収集する（小野、2017）。

②再登校以降の評価：対象不登校のアセスメントに基づいた評価及び登校状態の評価（メールによる登校報告、授業参加率、登下校時刻）を

行う。
③行動アセスメントとしての情報統合及び介入立案：収集した情報から登校を維持する条件を整理し介入を考案する。
(5) ステップ5：登校活性化支援の実施
①登校活性化プログラムの実施：行動アセスメントに基づき、対象児が再登校以降、学校において正の強化刺激を受ける機会を増加させるプログラムを実施する。
②不登校発現・維持条件低減プログラムの実施：行動アセスメントに基づき、対象児において再登校以降、不登校発現・維持条件を低減させるプログラムを実施する。
(6) ステップ6：計画的支援の終結
対象児の登校維持条件確立と不登校発現・維持条件減少を確認して計画的支援の終了を判断する。
(7) ステップ7：追跡調査
対象児の終結後の予後状況を調査する。

4．事例適用

以下に、前述のアプローチを適用した母親同伴断続的教室不登校事例の単独教室登校行動の形成及び維持経過をステップ毎に記述する。支援期間は、X年9月15日からX＋1年4月5日までの7カ月であった。ステップ1、2は9月15日に実施した。ステップ3はX年9月16日からX年10月26日、ステップ4、5はX年10月27日からX＋1年4月5日まででであった。ステップ6はX＋1年4月5日に実施した。

また、支援スタッフは主担当（大学教員、専門行動療法士、以下、Tと略す）と補助スタッフ（大学院2年生、以下、Sと略す）の2名であった。Tは対象児童に対して面接でのカウンセリング及び支援を6回、母親と対象児の担任にメールや面接でコンサルテーションを60回実施した。Sは、登校活性化支援期における支援補助を担当した。
(1) 対象児：小学2年生（支援開始時）、男子（以下、Yと略す）。
(2) 主訴：教室登校できるようになりたい（Y本人）。
(3) ステップ1・ステップ2：X年9月15日にYの在籍小学校でYとTが面接を実施し、Yから教室登校の依頼があり、それをTが受諾し支援契約が成立した。この際、保護者と学校からもTへ支援依頼があった為、Tがそれを受諾した。また同日、個別支援計画の設定を行った。その状況を以下に示す。①再登校予定日及びセッション設定：Yからの申請によりX年10月24日から15日間の内で登校可能な日を再登校予定日とした。②家族との支援関係確立：両親から再登校支援協力の申請があった。③学校との支援関係確立：校長と担任からTに対して再登校支援協力の意思表明があった。④家族、学校関係者、専門支援機関との連携関係設定：家族、学校関係者、Tが共通理解を図る必要性がある場合は、専門支援機関で話し合いを実施することになった。また、本事例の研究発表に関してTから母親、校長に説明し承諾を得た。その際、倫理的配慮としてTが研究参加の説明（個人データ守秘、苦痛･不利益への配慮の実施、参加拒否可能）と同意形成の手続きが実施され、母親、校長から文書で同意を得た。
(4) ステップ3：X年9月15日に支援計画を立案し、9月16日から10月26日の間、登校行動形成プログラム及び不登校発現・維持条件低減プログラム、登校維持活性化プログラムを実施した。TとYとの面接は2回、Tと学校関係者、保護者とのメール連絡は20回実施した。以下にその内容を示す。
①不登校発現前の行動特性：幼児期に心臓疾患、小学校就学前に医師から発達障害（ADHD）の疑い等が指摘され、就学前は病院に通院することが多かったが、保護者の意向によりADHDに関する服薬はしていなかった。幼少時から病弱であったことから祖母と母親の2人がYの教育を担当していた。Yは、医師の指示で運動を制限されており、体育の授業（水泳を含む）には参加していなかった。友人関係は小

学１年までは皆無であった。知的学習面では小学１年時の学業成績は優秀であった。小学１年時、Ｙは会話をするのが苦手で主語と述語が不明確な文を話すことがあった。性格行動面では、基本的には他者の指示に従い従順であるが、初対面の人や場面、授業内容に接した際には泣くことが多かった。

②不登校発現の経過：ア．本人：Ｙは小学１年４月中旬に学級内で大泣きした。その後、教室内で担任と同伴していた母親がＹの嫌がることを避けさせる対応をとった。２年に進級し担任が替わった。母親は担任の指導がＹに適さないと考え、授業中にＹにとって不快なことや泣くようなことがあると翌日に欠席させる、もしくは遅刻させて母親が廊下から授業を見ながら待つ、母親がＹにとって授業内容が不適切と思った場合はＹを廊下で待機させる対応をとった。５月までこの状況が継続したことから、校長がＹと母親、担任による話し合いを実施させた。その結果、朝、Ｙは母親の車で登校し、母親は車を校内に駐車させ車内か廊下で待機するようになった。Ｙは教室登校実施後、校長室に移動して校長に「頑張りましたシール」をもらい学習指導を受けた。Ｙの学校滞在は給食前までの４時間で、給食は母親の車で食べた後、帰宅した。９月初旬、Ｙが教室登校とならなかった為、校長からＴに支援依頼があった。イ．家庭：父親（医師)、母親（専業主婦)、Ｙ、妹の４名の家族構成であった。Ｙが泣いた時の母親の対応は、その場面から回避させるのみであった。母親は、Ｙが「行きたくない」や「つらい」と言う、泣くといった理由で欠席させることがあった。母親は、欠席時Ｙに自宅で学習をさせていた。Ｙの食生活は夕食にレトルト食品や外食が多かった。Ｙは、23時就寝、８時起床という生活リズムであった。ウ．学校：小学校１、２年時、担任は母親の要望を全面的に聞き入れて対応した。学校側は、母親の廊下での授業参観を認め、Ｙが帰りたい時には帰らせるか校長室滞在という対応をした。

③断続不登校発現後の状況：ア．本人：週間変動及び日中変動が見られた。Ｙは登校日の朝、腹痛や気分不良を訴えることがあった。イ．家庭：母親は、Ｙが不快を訴えると学校を欠席させるか遅刻させて母親が廊下で見守るという対応をとっていた。母親が同伴できない時は、母親の実母が車での送迎や廊下で見守る対応をとっていた。ウ．学校：Ｙが校長からの指導を希望した為、校長室への滞在時間が増加していた。

④行動アセスメントとしての情報統合：Ｙの長期にわたる断続的母親同伴教室不登校は、Ｙの学校場面での泣きや不快の訴えが発現前条件であった。Ｙの不快を訴える場面から回避させたり、不快な場面に母親が同伴したり、母親が担任にＹに対する指導改善を要求し、それを担任が容認する対応が発現条件であった。そして、校長室登校、母親の車による送迎、母親の廊下滞在が維持条件であった。以上のことから、Ｙの断続的母親同伴教室不登校は不快な場面からの回避行動であり、母親の登校同伴により、Ｙが不快場面への対処法を学習する必要性をなくし、学校場面での回避場所（校長室や自家用車）や代替する人を確保することで維持されていた。Ｙの母親同伴登校維持に関する随伴性と、その対応を図１に示す。Ｙに教室登校行動を形成する為に以下の方針を設定した。ア．発現前条件であるＹの泣く、母親を呼ぶ行動を消失させ、適切な代替行動として、Ｙは泣かないで初めての課題に対応する。適切な代替行動が生じた場合、担任はＹが対応できたことを褒める。また、発現及び維持条件であるＹの不快を訴える場面から回避させたり、不快な場面に母親が同伴したりする家族の対応を消失させる。登校時の問題に迅速かつ正確に対応する為にＴがメール等で随時母親コンサルテーションを実施する。イ．維持条件である校長室登校や母親の車での送迎や廊下滞在等を消失させる為に、Ｙに教室内の正の予測を生じさせながら、校長室登校時間等を減じていく。Ｙと担任及び同級生

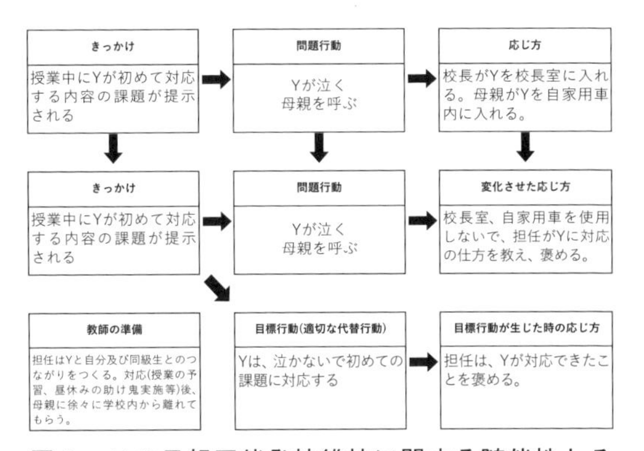

図１　Ｙの母親同伴登校維持に関する随伴性とその対応

たちのつながりを昼休みの遊び等や、授業の予習などで強め、学校内にＹの正の強化事態が生じた後、Ｙの徒歩による単独登下校の習慣化を図る。ウ．Ｙの基本的生活習慣（６時起床21時前就寝）の段階的シェイピングの為に、母親に就寝・起床時間、食事時間・内容についてメール等で報告してもらい、助言する。

⑤個別支援計画の立案：目標行動は、Ｙの学校場面における通常時間割に基づいた学習活動への参加と維持であった。Ｔは以下の領域について、母親とＹの担任にメールや面接でコンサルテーションを実施した。

ア．基礎的アプローチ：学習指導に関しては、Ｙは成績優秀で、学習面に関する指導は必要がなかった。予習、復習の範囲を担任からＹに連絡してもらった。身体的状況に対する支援に関しては、以下の対応を実施した。Ｙには慢性的な心臓疾患があったため、学校側は特別に母親の車での登校を許可していた。そこで医師と連携、指導の下、段階的な徒歩による登校行動の習得を目標とした。対人関係の改善に関しては、以下の対応を実施した。Ｔは、Ｙと話すときには、Ｙにゆっくり主語と述語がそろった文を話すように働きかけ、そのような文を言えた時ににこやかな笑顔で褒めることを実施した。その際、Ｔは、５Ｗ１Ｈ（何をしていたの、どこにいったの等）を活用した質問をして、会話量を増加させることを試みた。Ｙには友達がいなかったため、昼休みに同級生から遊びに誘われても応じず校長室に行っていた。また、校長室に来たＹを校長は受け入れていた。そこで、Ｙが昼休みに同級生と遊ぶことを目標行動として、校長がかかわる時間を減少させていった。学校関係者とのかかわりに関しては、担任から登校計画設定の際に必要な情報（時間割、行事日程、準備する物）をＹ、母親、Ｔに提供してもらった。また、Ｙの登校計画において学校に関連する目標実施の際は、Ｔから校長、担任に必要情報を提供し、担任からＴに達成状況の連絡をしてもらった。

イ．個々の状況に応じた支援：不安障害の変容：Ｙに不安障害は認められなかったため、この対処は実施しなかった。基本的生活習慣のシェイピング：生活計画表を作成し、登校時の起床時刻（６時）、食事時刻、就寝時刻（21時）の目標を設定した。評価：Ｙの登校状況を授業参加率（１日のうち参加した授業数を参加すべき授業数で割り、100を乗じたもの）で評価する。個別問題への対応：早朝登校法による登校行動の形成を試みた。Ｙに対する早朝登校法適用に際しては、医師の承諾を得た。また、Ｙの早朝登校法適用中の訴えに関しては、必ず医師の診断を受け医師の判断に従って登校、欠席することとした。Ｙの断続的教室不登校発現・維持条件を低減させるため、Ｔは母親と担任にメールや面接でコンサルテーションを実施した。

家庭領域では、Ｙの単独登校ができるようになるまでは、母親がＹと一緒に学校へ行き、担任にＹを任せた後すぐに帰宅することを断続的教室不登校発現・維持条件低減プログラムにおける目標行動とした。

学校領域では、Ｙが学級に居続けるようにすることを目標行動とし、学級場面でのＹの登校維持要因を増加させることが要請された。

⑥登校行動形成プログラム及び断続的教室不登校発現・維持条件低減プログラムの実施経過：図２にステップ３からステップ６までのＹの授

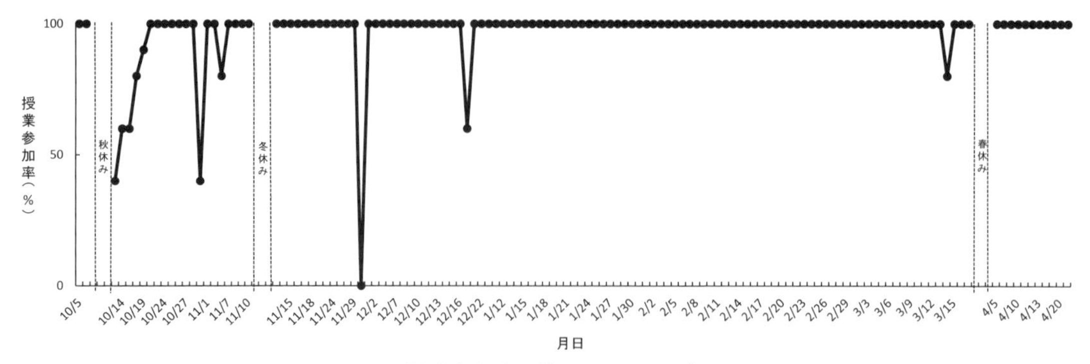

図２　Ａの授業参加率の推移（ステップ３から６）

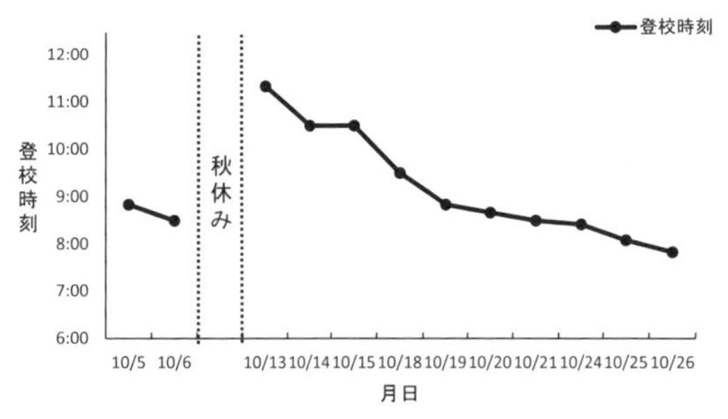

図３　Ａの学校到着時刻の推移（ステップ３）

業参加率の推移を示す。

ステップ３の計画実施によりＹの単独徒歩登校や同級生と遊ぶ習慣が形成され、母親が廊下に滞在しＹを見守るという状況やＹの校長室登校は消失した。また、Ｙは目標の時間に就寝・起床を実施し、母親の調理した栄養バランスの良い料理を食べることにより、生活習慣の問題は改善された。

さらに、学級内で他の児童が担任から叱られる様子を見て、Ｙが母親に不安を訴える行動に対して、Ｙをこの場面に慣れさせるため担任にＹを任せて帰宅するようＴから母親に指導した。この対応を実施後、Ｙは教室に滞在できるようになった。ステップ３におけるＹの学校到着時刻の推移を図３に示す。学校場面における担任によるＹの登校を維持させるための対応は以下の通りであった。10月５日、担任は席替えの際、Ｙに好印象を持っていると思われる児童たちをＹの周囲に配置した。10月13日、廊下で母親と離れる際に大泣きするＹに対し、担任がＹの頑張りを褒め、友達がいることを話した。その結果、初めて母親は学校内の廊下でＹと離れることに成功した。その後もＹは放課後まで学校滞在した。10月21日、登校時Ｙが担任に「８時35分には教室に入れそうだ」と伝え、担任が「新記録だよ」と声を掛けると、Ｙは嬉しそうにして母親同伴なしで教室に入った。

家庭場面における母親によるＹの不登校維持条件除去の対応は以下の通りであった。

10月６日、母親とＹが話し合い、Ｙの問題行動が改善されない場合は転校すると母親が決意表明をした。10月14日、母親が帰るところをＹが目撃し追いかけてくるが、母親はＹを担任に任せて帰宅した。

⑸　ステップ４・５：Ｙの登校活性化維持要因の形成及び増加と不登校維持要因を除去する為に、ＴはＹとの面接２回、母親と担任に対しメールや面接等でコンサルテーションを40回実施した。登校活性化支援はＸ年10月27日から開始しＸ＋１年４月５日に計画的に終結した。この期間におけるＹの学校到着時刻の推移を図４に示す。Ｘ年10月27日からＸ年11月11日は担任がＹの登校維持要因を増加させる支援（ａ期）を行い、母親は学校内における不登校維持要因を徐々に減らしていく対応を実施した。Ｘ年11月11日からＸ＋１年４月５日の終結までは、担任がＹの登校維持要因を増加させる支援（ｂ期）を行い、母親は家庭において適切な休み方（小野、1999）を実施した。

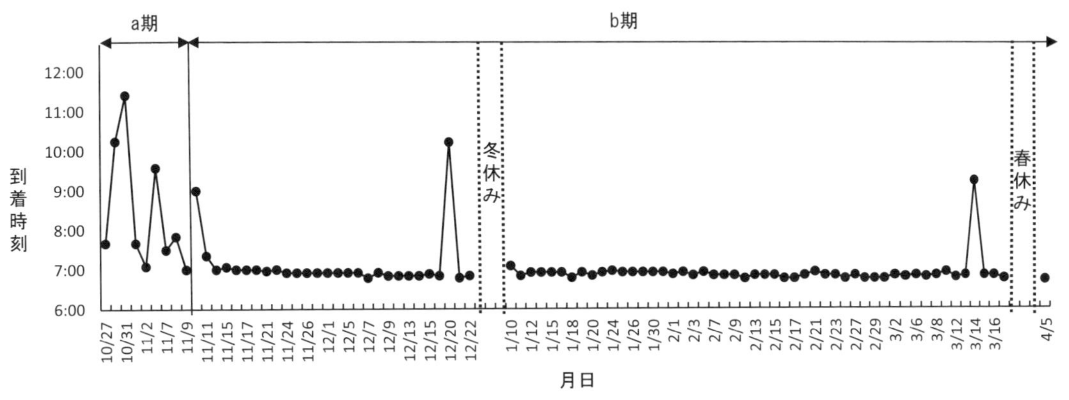

図４　ステップ４及び５におけるＡの学校到着時刻の推移

学校場面での状況を以下に示す。10月28日、Ｙが学級で１番早く登校してきたことを担任が褒めた。10月31日、Ｙが腹痛を訴えトイレに行ったので、担任は「大丈夫？お母さんに迎えに来てもらわなくてもいい？」と尋ねたが、Ｙは「お母さん？いい！自分で帰れる！」と言って学校に滞在できた。この対応の直後、Ｔから担任に「今までの頑張りを褒めて」と対応の修正を助言した。11月７日、Ｙは登校後、校庭の掃除をしていることを副校長が褒めた。11月16日、Ｙは外国語学習の時間にウクレレに合わせて一人でフラダンスを踊り、学級全員から「Ｙさん、すごい！」と拍手された。12月２日、Ｙは学校の持久走大会に参加し、完走できた（医師の許可あり）。12月７日、Ｙは全校児童の中で１番早く登校した。登校後は校庭の掃除をし、それを４名の教員から褒められた。12月13日、Ｙは給食を食べる量が増えた。12月15日、Ｙは登校後、校庭の掃除をしていたが、同級生が登校してきたので掃除を途中で止め、同級生と一緒に鬼ごっこをして遊んだ。12月21日、Ｙは毎週水曜日に６年生と一緒に帰ることが楽しみだと言っていた。１月15日、Ｙの授業中の発言回数が増加したと担任からＴに連絡があった。１月18日、Ｙは席替え後に、話したことのない同級生と話せるようになった。Ｔから担任に「登校活性化維持要因が増加した」と伝えた。１月20日、牛乳が気持ち悪くて飲めないことをＹが訴えたが、それでも飲んできた際に担任は「すごい。頑張れば飲めたんだ。無理じゃなかった？」と言った。Ｙはその後も普段通りに過ごせた。Ｔから担任に「事実を褒め、否定的なことは言わないように」と助言した。この日、Ｙは学級のグループの副班長になった。２月１日、Ｙは近所に引っ越してきた同級生と、学校に１番に着くことを競うようになった。２月７日、Ｙは昼休みに自ら同級生と鬼ごっこをする約束をした。２月22日、Ｙが図工の専科の教員の授業が楽しいと言ったことが母親からＴに報告された。２月28日、Ｙがミュージックコンテストに向けて同級生３人と楽しそうに練習をしていると担任からＴに報告された。３月１日、Ｙは地域安全子ども会の地域のグループの副班長になった。３月15日、Ｙは年度内の読書量が多かったことを校長表彰された。

この期間における家庭での主な母親の対応状況を以下に示す。10月31日、Ｙが熱を出し嘔吐したため、母親はＹを病院に連れて行った。医師は、処置で熱が下がった後は登校可能と指示を出した。母親は、その指示通り登校させた。Ｔは母親が適切な休み方（小野ら、1999）を実施したことを褒めた。11月４日、前夜からＹの咳がひどくなったため、母親はＹを病院に連れて行った。医師よりＹの登校許可が出たため母親はＹを登校させた。11月７日、登校時にＹの「正門前まできてほしい」という要望を母親が受け入れ支援契約が破られたため、Tから母親に契約不履行を伝えた。11月11日、Yが登校時に理由なく３回泣きながら自宅に戻ってきたが、母親は理由がないことからYに単独登校させた。Yは、登校後は「なんともなかった」と言っていた。そこで、Tから母親に「Yは、登校したらなんともなかったことからわかるように、今回の対応でYの学校場面での母親の存在という不登校維持要因が除去された可能性が高いが、今後も油断しないように」と伝えた。11月24日、Yがテストの採点方法や教師について不満を言うが、母親は「０点でいいから」とYを説得し登校させた。11月30日、Yが体調不良になった。医師の判断の下、母親はYを欠席させた。12月20日、Yが吐き気と下痢を訴えたため母親は病院に連れて行った。医師の「特に問題なし」という判断でYを登校させた。１月10日、長期休暇後の登校となり、１度泣いて戻ってきたがYを単独登校させた。１月18日、Yが濃霧を理由に欠席しようとしたが、霧が晴れたので母親は通常の登校時刻に登校させた。３月15日、溶連菌感染の疑いで母親はYを病院に連れて行った。医師より登校許可がおりYを登校させた。

⑹　ステップ６

X＋１年４月５日に面接を実施し、Yの学校到着時刻は安定しており、Yが「学校が楽しい」と言っていたこと、母親が小野ら（1999）の適切な休ませ方を実施していたことから登校維持条件が確立したと判断し、計画的支援を終結した。

⑺　ステップ７（追跡調査）

計画的支援の終結以降もフォローアップの目的でYと母親は、Tと連絡をとった。X＋３年４月５日時点の情報では、Yは２年間欠席がなく、学級内の友達も増えて登校状態も安定していた。

５．考察

⑴　家庭・学校要因による長期断続的教室不登校・母親同伴登校行動の形成と維持

Yの不登校は長期にわたる断続不登校パターンであった（小林、1980)。そして、母親同伴、校長室活用という特徴を持っていた。このYの長期にわたる断続的母親同伴教室不登校は、Yの学校場面での泣きや不快の訴えが発現前条件であった。Yの不快を訴える場面から回避させたり、不快な場面に母親が同伴したり、担任にYに対する指導改善を要求し、それを担任が容認する対応が発現条件であった。そして、校長室登校、母親の車による送迎、母親の廊下滞在が維持条件であった。

以上のことからYの断続的母親同伴教室不登校は不快な場面からの回避行動であり、母親の登校同伴により、Yが不快場面への対処法を学習する必要性をなくし、学校場面での回避場所（校長室や母親の車）や代替する人を確保することで維持されていた。したがって、不安・恐怖の見られないタイプの不登校であり、特に家庭要因と関連の深いタイプ（小野ら、1999）及び学校要因と関連の深いタイプ（小野、2011）と対応する。

⑵　単独教室登校行動のシェイピング

本事例においては、単独教室登校行動形成と維持の為に行動アセスメントに基づいてYの不登校維持要因を家庭及び学校場面から除去、学校場面では、登校維持・活性化要因の形成を試みた。Tが、この支援方針及び支援仮説に則ったコンサルテーションをメールや面接等でYの母親と担任に日々緻密に実施した結果、Yの断続的教室不登校・母親同伴登校行動は約１カ月間で改善された。

特にYの学校場面における登校維持・活性化要因の形成後に不登校維持要因を家庭及び学校場面から除去していったことがYの単独教室登校行動形成に効果的であった。そして、Yの単独教室登校行動維持は、Tによる母親への学校内外での対応方法と、担任への校内での対応方法への助言、すなわち、Tから担任にYが達成できた事実を褒めること、母親には不適切な理由での欠席を容認しないこと等を助言したところ、約6カ月間の支援により達成された。また、校長室登校時に、教室登校を形成する為に正の強化価が高いと思われた「助け鬼」遊びを同級生と一緒に実施させることにより、Yの校長室に行くという行動を消失させ、Yは学校内及び教室に長時間滞在することができるようになった。これは、校長室登校と比較して強化価の高い活動の選択が有効であったといえる。さらに、教室内において、Yが正の強化刺激を受ける介入の効果を確認した直後、教室不登校維持条件であった母親が廊下でYを見守るという状況を変容させたことが効果的であった。

小林（1980）においては、登校行動形成における学校場面における登校維持・活性化要因の形成と不登校維持要因の除去の重要性は指摘されていた。本研究では、回避先よりも正の強化価が高い活動導入による登校行動形成と、その条件の効果確認後の不登校維持条件除去という手順が効果的であることを示した点が従来の不登校研究にはない新しい知見である。

⑶　教室登校行動の維持

ステップ4の登校活性化支援期では、Yの学校到着時刻の安定化を目標とした。本研究では、この問題の解決に早朝登校法（小林、1980）を適用した。Yの起床、朝食、夕食の時刻が早朝登校に適していたこと、早朝に登校する方が他の児童と会うことも少なく不安を誘発する刺激の少ない状態で学級に入れることが適用根拠であった。適用の結果、授業前の時間帯で掃除活動、教員からの称賛、同級生との鬼ごっこ遊びといった学校場面における正の強化条件が増加した。

そして、TはYの登校活性化状況をメールで逐次母親に伝え、安心させた。その結果、適切な休み方（小野ら、1999）の実施、Yの妥当な理由がない回避を容認しない等、母親のYへの対応が変容した為、不登校維持条件が除去された。

以上のことから、早朝登校法適用の効果として、学校側が再登校支援に協力的な場合、授業場面以外に対象児童にとっての正の強化条件を形成できることが明らかになった。

加えて、YにはADHDの疑いが医師より指摘されていたが、Yの再登校支援中に目的を明確化して行動形成を実施した結果、ADHD特有の不注意、多動、衝動的行動がYに全くみられなかった。このことから、医師はYに対してADHDではないと診断を確定した。

また、従来の研究においては、登校行動の維持及び活性化において不登校維持要因の除去と学校場面での登校活性化維持要因の形成と増加を同時に実施する手続き（例えば、小野、2011）であった。本研究では、学校場面における授業以外の場面も含めた正の強化条件増加後の不登校維持条件除去が登校行動の維持及び活性化条件変容に効果的であることを初めて示唆したといえる。

⑷　今後の課題

包括的支援アプローチの今後の課題として、小林ら（1989）が指摘していた技法選択の基準、評価の明確化がある。客観的評価が可能と考えられる不安、学習、体力に関しての学校現場で実施できる簡便な評価が必要である。

＜文献＞

茨木俊夫（1986）「自験例による登校拒否症状の経年比較と複合事例に対する治療パラダイム」『行動療法研究』第11号 pp.11-15.

金山佐喜子・小野昌彦（2007）「保健室登校児への教室登校支援」『行動療法研究』第33号 pp.157-169

小林重雄（1980）「登校拒否症について」『行動療法研究』第5号 pp.44-49

小林重雄・加藤哲文・小野昌彦・大場誠紀（1989）「登校拒否治療への積極的アプローチ―行動アセスメントとその臨床例への適用―」『安田生命社会事業団研究助成論文集』第24号 pp.61-68

小野昌彦（1997）「「不登校」の研究動向―症状

論、原因論、治療論、そして積極的アプローチへ―」『特殊教育学研究』第35号 pp.45-55
小野昌彦（2010）『不登校への行動論的包括支援アプローチの構築』風間書房
小野昌彦（2011）「包括的支援アプローチ適用による学校対応のまずさに深く関連した中学生不登校の再登校支援」『生徒指導学研究』第10号 pp.69-76
小野昌彦（2017）「校長に対する助言による長期未支援中学生不登校の再登校支援―包括的支援アプローチをもとにして―」『特殊教育学研究』第54号 pp.307-315
小野昌彦・豊田麻衣子・川島直亮・三好義弘・小林重雄（1999）「不登校姉妹への再登校行動の形成―家庭内の不登校誘発・維持要因により生じた事例―」『特殊教育学研究』第37号 pp.23-31
園山繁樹（2008）「母親を不安拮抗刺激とした段階的再登校法の適用―複数の嫌悪的体験を契機とした登校拒否女児の事例―」『行動療法研究』第34号 pp.55-65

<実践研究報告>

生徒指導体制の充実・発展のための社会資源連携の視点

― 教育的ニーズと福祉ニーズの相関と学校が持つべき支援アプローチ ―

Viewpoint of social resource cooperation for enhancement and development of student guidance system：
Correlation between educational needs and welfare needs and support approaches that schools should have

前嶋深雪（東京学芸大学）

中央教育審議会（2015）「チームとしての学校」に示されているうちの、特に学校の支援体制の構築や専門性の強化と活用の考え方、また学校と社会資源との連携・協働における支援アプローチ手法についての実践研究報告である。生徒指導体制の充実・発展に向け、学校におけるニーズ感知後の支援の組み立てに注目し、教育的ニーズと福祉ニーズの区分を行うことの重要性、教育と福祉の専門性の差異と相関を踏まえ、実践事例の分析からの支援アプローチ手法の検討と提案を行う内容を持つ。教育の専門性を持つ学校は学びと育ちの場として機能する。しかしながら、支援の組み立てには教育的ニーズだけではなく、福祉ニーズにかかる充足が必要となるため、社会資源との連携・協働が欠かせない。本稿では、学校による具体的な支援アプローチのバリエーションを増やすための検討事例として、SSW（スクールソーシャルワーカー）が介入した実践事例を取り上げた。

キーワード：社会資源連携　教育的ニーズ　SSW
ICF（国際生活機能分類）　ケイパビリティ

1．はじめに

学齢期の子どもの生活圏は、学校と家庭で過ごす時間は大きいながら、家族以外の親族や保護者の知人友人とのかかわり、子ども自身の習い事や塾、友だちや地域での活動など、さまざまな場所と時間を含んでいる。一人ひとりの子どもが、おのおの異なる生活環境を持つことは前提にありながら、学校はすべての子どもに平等に与えられている教育の場として機能する。加えて、現在の日本における学校は、教育という専門性を持ちながら、子どもが長時間を過ごし、かかわり合いながら生活する場でもある。これは、生活者としての子どもの成長にかかわる視点を含めた「育ち」を支える場所として、学校が存在することにつながっていく。

教育に関して、保護者は子どもに教育を受けさせる義務を負い、育ちに関して、保護者は子どもの監護者としての責を負う。日本の学校は、教育機関であると同時に子どもの生活時間の多くを過ごす場であることから、子どもの社会的自立を目標とした成人に至るまでの育ちの場として、保護者とともに学校もその役割を担っていることがわかる。

学校の専門性は教育であり、児童福祉や社会福祉の専門性とは異なる基盤で成立している。子どもの育ちを支える社会の機能（法律も含め）は、児童福祉を基盤に持ち、総合して社会福祉に係る福祉の専門性を持ことにより、教育を専門とする学校が子どもの育ちを支えるための支援のすべてを担保することは不可能である。

しかしながら、現在の学校は子どもの生活時間の大きな部分を占めることから、子どもの学びにおける教育的ニーズとともに、育ちにおける福祉ニーズを感知する場所としても機能を有していく。この前提は、教育の専門性を持つ学校が、生活者としての子どもの福祉に関しても理解し、社会資源との連携を組み立てていく役割がすでに含まれていることを伝えている。

学校は教育の専門機関であり、福祉を含めたチーム支援の主となる機関としての専門性を本来は有していない。それにもかかわらず、子どもの福祉ニーズ感知の場所としての機能を要求される現実がある。ここに、学校が持つべき支援アプローチの手法に関する研究の刷新がつねに求められていく理由が存在する。

本稿では、義務教育年代及び高校においてニーズを感知した学校の具体的実践を通して、教育現場で有しやすい社会資源連携における混乱――教育的ニーズと福祉ニーズを持つ事例における対応の混乱――の指摘と支援アプローチのあり方を支援実践の研究として報告する。加えて、生徒指導は「児童生徒の人格のよりよい発達と健全な成長を目指す教育活動である[1)]」ことを踏まえると、本報告は生徒指導体制の充実・発展へとつながる考え方を持つものとなる。

2．教育的ニーズと福祉ニーズ

教育と福祉の連携のためには、たがいの専門性を深く理解することが求められていく。これは、人と人が関係を取り結ぶときにも必要な手段でもある――他者とのつながりにおいても、われわれは、相手を知るほどに「付き合い方」がわかっていく体感を持つ――。相手を知るための基盤にあるものは、たがいに「わかる」言葉での応答であり、その言葉が用意されなければ、「知り合うこと」が可能にならない。

教育と福祉の理解のために、まずは、共通して有する「ニーズ」という文言に注目する。「ニーズ」はカタカナで示されることからも明らかであるが、新しい概念を持つ言葉であり、福祉をその出発点に持つ。ここでは、教育的ニーズと福祉ニーズという言葉がともに持つ「ニーズ」の考え方を出発点として定め、続いて、教育的ニーズと福祉ニーズの差異を明らかにしていくために、「ICF（国際生活機能分類）」[2)]と「ケイパビリティ」[3)]の概念を採用する。

教育的ニーズと福祉ニーズについて明確な言語化ができなければ、個別の教育支援計画や個別の指導計画を立てることは――本来、これらに書き込まれる文言は具体的なことであるはずであるため――難しい。加えて、子どもは生活者であることから、教育と福祉にまたがる領域での時間と場を過ごしている前提を持つ。これにより、教育と福祉の双方のニーズを同一の子どもが持っていることも当然起き得る現実となる。この２つのニーズが示す概念の範疇の理解は、教育と福祉がたがいに「知り合うこと」を可能にする一つの手段となる。

(1) ニーズ

「ニーズ」に関して、次に福祉分野からの引用を示す[4)]

ニーズ（ニード）(needs (need)) 社会生活を営む上で、精神的、身体的、経済的、社会的に必要とされる基本的要件。また、ニーズは貨幣的ニーズと非貨幣的ニーズ、顕在的ニーズと潜在的ニーズ、物理的ニーズ、情緒的ニーズなど、その性質を多面的に捉えることができる。さらに、ニーズを個別的にとらえるならば、個人的欲求となり、その充足を図るためには個別的援助が必要となる。一方、ニーズを集合的にとらえるならば、社会的問題となり、その充足を図るためには政策的対応が必要となる。

生活していく上での「基本的要件」の不足が「ニーズ」として定められること、ニーズを個別に取り扱うならば「個人的欲求」となり、集合的な視点からとらえれば「社会的問題」となることが述べられている。また、金銭のように具体的な物質・物体に関することでもあり、所属やつながり、安心のように目に見えないものでもあり、このような個人的な欲求が社会的な政策となることの連続性も示されている。

そして、ニーズとは、きわめて個別的な充足に関することでもあるが、単なる個人の欲求ではないことの理解も必要となる。つまり、「個別的援助」と一致する「個人的欲求」の内容が「ニーズ」であり、個人が要求（あるいは欲求）すれば、それがそのまま「ニーズ」となるわけではないという前提を持つ。

したがって、ニーズとは「社会生活を営む上での要件」と個人との相関によって生じていく。そのため、ニーズが個々人で異なるのは必然であり、「個別的援助」とは、一人ひとりの人間が異なっていることを前提にした考え方に基づいて、一人ひとりのニーズに差異があることを含む概念となる。当然ながら、一人ひとりが異なるゆえ、一人ひとりの生活の環境も異なる。個人・要件・環境の相関により個別的援助が必要とされたものが個人的欲求としてのニーズであることから、ニーズはその多様性を前提に持つ——同時に、このニーズの多様性は多様な個別的援助を要求することとなる——。

(2) ニーズとICF（国際生活機能分類）

ICFによる「健康状態（Health Condition）」は、個人及び個人の志向性と環境の相関で決定される。このモデルにおける「健康状態」が悪化した状態が「障害」となり、「困り感」として感知されるものとなる。ICFモデルによって「障害」及び「困り感」を導くためには、一人ひとりの個別性についての理解と、個別性を支える環境の理解が必要になる[5)]。

ニーズとは「個別的援助の対象となるもの」であることを踏まえると、子どもの育ちに関する福祉ニーズとは、生活者の視点によりとらえられる「個別的援助が必要な個人的欲求」をその対象とする。我々は一人ひとり異なる存在であるからこその個別的な生活者であり、この前提を持つことにより、福祉ニーズは個別的な志向性を含めて見立てられるものとなる。生活者であることは個々人の志向性を前提する。

社会生活における志向性は、個々人が社会への参加と社会での活動をどのようにしたいと考えているかの欲求に依存する。自身が何を好み、何を為したいかについての考えが個別の異なりを持つのは当然であり、その充足の度合いは個別的に異なる——志向性は個々人の心地よさを左右する——ものとなる。たとえ同じ環境を有していたとしても、志向性が異なることにより、個々人において健康状態が異なっていくのは必然となる。

子どもの福祉ニーズは、育ちに関するものであるから、安心・安全な生活であることに加えて、自分のやりたいこと及びそれを許す環境と心身の状態とが相関して導かれるニーズの基準（現在はICFモデル）が存在することとなる。一人ひとりが生物学的に異なること、生活環境的に異なること及び生態学的に異なること[6)]の個別性の理解と個別の志向性を含めて、環境とのインタラクションを前提に、健康状態をはかる機能をICFは有している。

(3) ニーズとケイパビリティ

「ケイパビリティ」も福祉の考え方を基盤に持ち、「潜在能力」とも訳されて紹介されることが多い。ケイパビリティ・アプローチを教育分野にあてはめると「発達の可能性」[7]——つまりは、「いま・ここ」では獲得していない能力であるけれども、いずれ獲得が可能になるであろう能力——を顕在化する概念であると言える。ケイパビリティは生活の満足度をあらわすために生まれた概念であるが、ここでは発達の可能性としての教育的ニーズに関して、ケイパビリティの概念を採用する。

教育の現場では、福祉ニーズと教育的ニーズの違いを明確にしないために、混乱を生じていることがあり[8]、支援の組み立てに影響を与えていく。これは、1人の子どもが福祉ニーズと教育的ニーズを同時に持つために生じる混乱である。学校は教育の専門性を持つことにより、この2つのニーズの違いを明らかにして、教育的ニーズを主として担当する支援の組み立てを行う手順が必要となる。

教育的ニーズは、子どもの学びに対して不足する「個人的欲求」に当たるものとなるが、教育的ニーズを子ども自身が自覚することは難しい。学びとは、未知なるものを知る作業であり、次へと深まってく思考であり、知識をつなげていくプロセスであるため、子ども自身が「いま・ここ」では気づいていない能力が教育的ニーズの対象となる前提を持つ。よって、教育的ニーズとは、子ども自身がこれから学び、獲得することができる能力があるにもかかわらず、今現在はその子どもが習得するのが難しい状況にいるという「個人的欲求」を指す。

教育的ニーズの感知とは、学びに関する「個人的欲求」を持つ子どもがいることの発見であり、その子どもにとっての潜在能力を獲得するための手立ての充足に向けての要求と同義となる。この教育的ニーズはこれから獲得していく能力——つまりは「いま・ここ」では潜在している能力（ケイパビリティ）——とイコールでむすばれる。この「今後に獲得する可能性のある能力（潜在能力）」について、子ども自身が「いま・ここ」で充足してないことに気づくことは不可能であることから、学校での教員の気づきが重要であることを導く。

特別支援教育とは、ICFモデルによる健康状態の悪化として導かれた「障害」あるいは「困り感」を持つ子どもが、潜在能力を獲得するための教育の手法の集積であると言える。対象とする具体的な教育内容については、子ども自身の心身状態と志向性、及び環境の相関によって一人ひとり異なるゆえに、個別の教育支援計画及び個別の指導計画が必要であり、この名称からもこの教育内容が極めて個別的である前提を有していることを示している。

ケイパビリティは発達の可能性を顕在化させることにより、特に特別支援教育が目指す教育内容と合致する内容を持つ。具体的には、特別支援学校の学習指導要領に定められる「自立活動」である。この6区分27項目の自立活動については、特別支援学校及び特別支援学級だけではなく、通級の指導でも活用していく重要な教育内容であることが述べられている。

> 『小学校学習指導要領』（2017年告示）
> 「総則」第1章第4の2の（1）のウ
> ウ　障害のある児童に対して、通級による指導を行い、特別の教育課程を編成する場合には、特別支援学校小学部・中学部学習指導要領第7章に示す自立活動を参考とし、具体的な目標や内容を定め、指導を行うものとする。（傍線部筆者）

(4) 福祉ニーズと教育的ニーズ

ケイパビリティには、「中心的なケイパビリティ」として提起されている対象がある。教育的ニーズが福祉ニーズとどのような相関を持っているのかを明確にするために、次に示す[9]。

1．生命：正常な長さの人生を全うできること。

2. 身体的健康：栄養、住居、健康。出産の健康も含む。

3. 身体的統合：身体的拘束のないこと。移動や暴力からの自由、性的満足と生殖において選択の自由。

4. 感覚・想像力・知覚：感覚し、想像し、思考し、判断すること。識字、数学科学的訓練、真に人間的な方法で学べること。宗教、文学、音楽、自己表現の創作経験。

5. 感情：周りの人に対して愛情を持つことができること。愛すること、悲しむこと、願望、謝意、正しい怒りを経験できること。

6. 実践理性：善を構想できること。人生について批判的に反省できること。良心の自由と宗教的自由を保障する。

7. 所属：

A. 他者とともに生きることができること。他者と連携し、他者の立場を想像し、共感できること。

B. 自尊心を持ち、屈辱を受けない社会的基盤を持つこと。人種、性、性的志向、民族、階級、宗教による差別を受けないこと。

8. 他の種との共生：自然や動物にかかわりを持って生きられること。

9. 遊び

10. 環境のコントロール：

A. 政治的コントロール：政治参加できること。

B. 物質的コントロール：所有、財産権、他者との同等の雇用、人間らしく働けること。

「教育」による能力の獲得により、これらのケイパビリティの充足につながるであろうことが見てとれる。義務教育年代の小中学校における国語等の各教科や特別の教科道徳、総合的な学習の時間、特別活動での学習――つまりは、学校の教育活動全体――は、ここに挙げられたすべてに相関し、社会生活において「生きる力」として統合していく教育の目標と合致する。これは、教育によって福祉ニーズが充足されること――教育と福祉は相関すること――を示し、福祉ニーズの視点からとらえると、教育的ニーズは福祉ニーズに含まれる内容を持つ。

ICFモデルにより教育的ニーズをとらえると、健康状態とは個人と環境の相関によるため、個人の能力の獲得と学びの環境の操作が健康状態に変化をもたらすこととなる。加えて、生活の環境の一部として、学びの時間と空間である学校の教育活動が存在するため、教育的ニーズが福祉ニーズに含まれて存在することとなる。

したがって、学校における「ニーズ感知」とは、「教育的ニーズに対する支援で充足する子ども」や「教育的ニーズを超えた福祉ニーズの支援を必要とする子ども」の発見を意味する。学校は教育の専門性を有することから、まずは子どもがどのようなニーズを持つのかどうかについて――教育的ニーズを含んでいるか否か、教育的ニーズだけで充足するものか否か、教育的ニーズとその他の福祉ニーズが必要か否か――を判断する過程が要求される。

そして、福祉ニーズとは、学校が対象とする教育的ニーズを超えたところのニーズ充足という広がりを持つ。この福祉ニーズに関して、教育の専門性による充足は不可能であるため、対象となる福祉ニーズに関して、学校は社会資源に連携の働きかけをしなければならない。

もしも、教育的ニーズと福祉ニーズを明らかにできないまま、社会資源との連携をすれば、学校での支援の組み立てにおいて混乱が生じていくのは明らかである。この混乱は学校と社会資源の応答ができない状況――たがいに知り得ない状況――を生じさせる要因となる。ここに、教育的ニーズと福祉ニーズの区分けを明確にするプロセスを用意する必要が導かれる。

3. 義務教育年代のニーズ感知

現在、社会資源を見つけることはそれほどに難しいことではなくなっている――インターネ

表１　小学校事例

個人情報の保護により本質にかかわらない部分に加工・修正を加えた。また、地域が特定されないために、社会資源の名称は一般的名称に変更して表記している。

事例概要	学校でのSSWのコンサルテーション
【SSW相談時の情報】 ○小学校２年の本人と父親の２人世帯（外国につながる世帯にて、父親は定住資格を持つ） ○３学期のはじめに他市から転入（前の在住市では虐待にて要保護児童対策地域協議会による見守り世帯であった。相談時は、家庭児童相談課が窓口になり情報を共有していた） ○父親は日本語があまり得意ではなく通訳が必要、本人は５歳時に来日し、母語・日本語ともに話すことができる ○本人は多動や衝動性があり、医療受診と服薬の経験がある（現在の医療受診と服薬の継続は不明） ○頬に青あざ、頭にたんこぶ、服装が前日と一緒、夜に父親の経営する店番をするなどの生活における心配な様子がみられる	【SSWのコンサルテーション】 ◆学校のからの相談情報を４点に集約 １．本人の言動から起こる対人トラブル ２．学びの深まり ３．虐待についての扱い ４．父親との連携（医療受診の確認） ◆福祉ニーズ（育ちの不安定さの支援） ①青あざや傷、服装、生活習慣についての気づきがあれば、家庭相談課に連絡し、共有する ◆教育的ニーズ（学びと学校生活を安定させる支援） ①学校生活におけるかかわりの心地よさを増やす ②他者トラブルになる言動の気づきとスキルの獲得 ③学びのフォロー（宿題等も含めた学習の充実感を得る） ④父親との学びの連携（通訳の活用）

ットでの検索や相談窓口のパンフレットや案内が目につくような場所に置かれている等、情報入手が容易であること、あるいは虐待の通告等は明文化され、社会資源の活用の流れが出来上がっている――。よって、混乱が生じるのは、どの社会資源を選べばいいのか、あるいは連携する社会資源との支援アプローチにはどのような手法があるのかという具体的な協働のあり方の中にあるととらえることができる。

本事例では、情報の収集後の福祉ニーズと教育的ニーズの区分けについて、SSWを活用した。SSWのコンサルテーションにより、学校は教育的ニーズに対応できる枠組みを用意し、福祉ニーズについては社会資源に役割分担する連携内容が明確になった。この支援アプローチは、支援内容の明確化及び教育を超えたニーズについては、専門分野の社会資源と協働するというチーム連携にそのままつながるものとなる。

教育的ニーズを超えた福祉ニーズがあるとの判断は、社会資源と連携しなければニーズ充足はかなわないことを導いていく。教育的ニーズと福祉ニーズの区分けを行い、学校が教育の専門性による支援を明確にして福祉資源との連携を可能にするためには、教育の専門性ではない他分野の専門性による見立てを要求する――学校内人材として、SC（スクールカウンセラー）やSSW（スクールソーシャルワーカー）――[10)]。

これが、「専門性に基づくチーム体制の構築」であり、「チームとしての学校と関係機関との連携・協働」[11)] として掲げられていることである。専門性を持つ人的資源とつなげる役割を有するのは、おそらく職能の定義からもっとも近い「特別支援教育コーディネーター」であろう[12)]。これは、生徒指導体制の充実・発展には、生徒指導と教育相談[13)] ――特別支援教育コーディネーターを含む――との両輪でつくりあげる枠組みが必要であることを伝えるものとなっている。

４．高等学校のニーズ感知

次に、教育的ニーズよりも福祉ニーズの充足が主となるにもかかわらず、学校から福祉資源への積極的な支援アプローチの必要があることが明らかになった高校の事例を取り上げる。

本事例は、生活の不安定さという福祉ニーズを持つ生徒として、定時制高校４年時の６月に担任がニーズ感知をしている。その後、卒業までSSWが継続介入をする中で、福祉職員であるケースワーカーによる判断だけでは生徒の自

表２　高校事例[14]　生徒本人の許可を得た内容のみを掲載する。また、地域が特定されないために、社会資源の名称は一般的名称に変更して表記している。

学齢・学年	生活状況概要
小学校５年	実父との離婚後、実母に精神症状が生じたため、養育が難しいという判断で児童養護施設へ 実母が再婚し、継父・実母・本人の３人世帯となる 生活保護受給世帯となる（実母の精神疾患により、治療の付き添いの必要ありと認められ、継父は無職にて、３人一世帯の生活保護を受ける）
専門学校１年	中学卒業後、専門学校へ進学するが、１年目で退学
高校１年	定時制高校入学 （電気等が未払いで止まるから友だちのところに泊まってこい、友だちに金を借りてこいなど継父から言われる） ※１：生徒本人17才時に携帯電話を本人名義で、継父・実母・本人の３台を契約（継父・実母はこれ以前に他社にて電話代未払いとなり、継父・実母の名義では携帯電話の契約ができなかったことによる） （電気等の光熱水費の名義人が生徒本人の名前になっていることに気づく）
高校３年・４月	生徒本人がアルバイトを始める ※２：アルバイトの申告について、生徒本人は継父・実母に相談するが、「申告しなくていい」と本人に口止めし、未申告のままアルバイト継続
２月	本人が福祉事務所に出向き、ケースワーカーに「アルバイトをしています。親から口止めされていた」と報告に行く ※３：アルバイトの収入の未申告分の返還金（約70万円弱）の返還義務者を生徒本人とする決定がケースワーカーにより行われる
高校４年・４月	アルバイト先の寮に入り、実家を出て、一人暮らしとなる
５月	誕生日を迎え、20才となる （20才になったところで、継父・実母から、金を借りるので連帯保証人になってくれ、お金を貸してくれ等の連絡が入る） 法律事務所から電話会社の約30万円弱の未払い請求書が来る ※４：※１の本人名義の携帯電話契約のうち継父・実母の未払い金。生徒本人の携帯電話代はみずからのアルバイト代で支払っていた。法律事務所に確認したところ、20才になったため本人宛ての請求として連絡したとのことであった（20才以前は、未払い金の督促については継父・実母へ請求の連絡をしていた） インターネットの回線使用料未払いについての連絡が来る ※５：インターネット回線は継父・実母宅のものであるが、連絡先の電話番号を生徒本人としていた
６月	学校がニーズ感知　SSW・担任と生徒本人の面談開始
３月	卒業　専門学校進学希望であったが、働きながら学費をためる選択をする

立を支えられないことが明確になった事例である。

SSWの介入は、表右の※４携帯電話未払いによる法律事務所からの請求書について生徒本人から担任への相談があり、始まっている。SSWが本人との面談を重ねるうちに、現在は生活保護世帯を出てアルバイト先の寮で一人暮らしをしていること、※３生活保護世帯時のアルバイト収入未申告の返還金があること（約70万円弱）等がわかり、福祉ニーズとして判断した。

アルバイト未申告による※３返還金の返還義務者の決定については、ケースワーカーから「２人の生活保護課の職員で世帯に赴き、継父・実母・本人との話し合いを行い、決定した」ことにより、「事務処理上の問題はない」とSSWは伝えられた。具体的には、生徒本人による「自分で清算したい」の意思の表明があったこと、生徒本人とも個別に話し、同様の意思の確認をしたということで手続き上の不備はないことを告げられている。

しかし、この決定の経緯について生徒を主体にしてとらえなおすと、生徒本人は「自分で清算したい」と回答するしかなかった状況――電気がとまる暮らし、お金を借りてこいと言われる暮らしの中で、継父・実母が払えるはずもなく、世帯の中で一番立場の弱い生徒本人が「自分で清算したい」と言わせられてしまう状況にあったこと、ほかの選択肢を選んでもいいという認識がまったく持てなかったこと――であったことがSSWと生徒との面談で確認できた。

生徒本人は、継父・実母にアルバイトの申告について相談しているが、※２継父がその口止めをしているという世帯主による操作があったにもかかわらず、生徒本人が返還義務者となったことも、生徒本人が主体となる判断がされていないことを示している。

継父・実母に口止めされていたアルバイト収入の未申告分を、生徒本人が福祉事務所にみずから赴き、ケースワーカーに伝えたのは、「継父・実母の暮らしを立て直してほしい」という思い――自分ではどうしようもできないので、もっとケースワーカーが介入して、継父・実母の生活の支援をしてほしいという気持ち――があり、生徒本人はケースワーカーへの申告を決断したとのことであった。この行為を生徒主体にとらえれば、この未申告分の返還金が明るみになったことを機に継父・実母の生活支援の介入、生徒への自立を含めて世帯支援を行うことが可能になったはずである。

しかし、結果的には福祉職員のケースワーカーを主体とした、生徒本人のみに責任を負わせる手続きがされた。加えて、ケースワーカーは、※４継父・実母による電話会社の未払い金（約30万円弱）の請求が生徒にされていることを知らず、また、光熱水費の名義人を生徒本人の名前に変更していることも知らず、※５両親が契約したインターネット回線の連絡先も生徒本人の電話番号にしていることも知らなかった。

ケースワーカーにとっては、返還金への手続きの不備のなさの自覚により「問題なし」という認識のもとで、生活保護家庭から独立した生徒本人に対しては支援終了となるのである。これにより、生徒本人が卒業と同時に計100万円弱の金銭的負担が生じたという現実は、ケースワーカーの支援の枠組みの範疇外になっていることが示唆される。

ここに、生徒指導体制の充実・発展として、高校年代の福祉ニーズに関しても教育的ニーズとして介入しなければならない理由が存在する。本事例は、高校という学びの環境の中では福祉ニーズとして感知された生徒であったが、卒業後の進路選択と自立のために、卒業と同時に金銭的負担を負うことに関しては、自立に向けた教育的ニーズとともに支援を組み立てる必要があった。

生徒本人には卒業後に継父・実母と同一世帯でともに暮らす選択肢はない――継父・実母から借金の連帯保証人をお願いされる等、いま以上の金銭的負担を背負わされることが明らかであり、加えて、卒業後の生徒の収入により３人が同一世帯で暮らすことになれば、生活保護の世帯収入となり生徒自身の未来を形づくる金額が残らない――。また、卒業後に一人暮らしをしながら、国民健康保険や国民年金、所得税や住民税などの社会制度上に必要な金額を稼ぎつつ学費を払い、進学する選択も現実的ではない。

高校年代においては、教育的ニーズについて、卒業後の進路及び自立の視点を含めた社会資源との連携が必要であることが本事例から導かれる。加えて、福祉ニーズを担当する社会資源に対して、学校が積極的な介入をしなければ、生徒主体の支援となっていないことに気がつかない枠組みが存在することも明確になった。福祉職員が、生徒本人の置かれた状況をまったく感知できていなかったこと、高校年代の生徒への「意思確認」は、本人の意思とかけ離れている可能性が高いことを知らず、福祉職員が主体となる福祉制度の視点からのアプローチのみで進められていったことが、卒業後の自立に大きな影響を与えてしまうこととなった。

高校年代の支援アプローチ手法の一つとして、社会資源に向けて学校からの積極的な教育的ニーズとしてのアプローチがあれば、卒業後の進路及び自立の選択肢の幅が広がる可能性が高くなることの示唆がここにある。同時に、教育的ニーズではなく、福祉ニーズであると判断し、福祉の専門性を持つ社会資源に任せてしまうことの落とし穴もここに存在する。

まずは、教員のニーズ感知から、学校内での多様な人材の専門性の理解と活用という第１次の支援アプローチ、そして福祉ニーズのための社会資源との連携と教育的ニーズによる社会資源への積極的介入という第２次の支援アプローチまでを含めて考える手法の精査が今後ますます重要になってくる。本事例を特殊なケースとするのではなく[15)]、社会資源との連携事例として分析し、生徒指導体制の充実・発展のための支援アプローチのバリエーションを増やしていく実践研究の意義がここにある。

５．おわりに

学校という場は、子どもの生活を含めて成り立っていることにより、教育的ニーズだけではなく、福祉ニーズも感知すること、それゆえに教育的ニーズを超えた福祉ニーズとの区別が難しいことが存在する。しかしながら、福祉ニーズであるからと判断し、福祉の社会資源に任せているだけでは自立の道が難しくなる可能性もあることを、事例とともに確認した。

実践事例は、どのような支援アプローチが有効なものとなるのか、その手法とともに研究を積み上げていくために重要な検討資料となる。義務教育年代では、社会資源との役割分担を明確にする意識を持つことの必要性と、教育の専門性を有する学校だけでは支援アプローチが難しいことが導かれた。それぞれの学校が持つ特性や資源によって活用の仕方は異なることが前提にありながら、教育的ニーズと福祉ニーズを区分する重要性は共通して存在する。役割分担が明確でなければ、チーム学校としての社会資源の連携は意味をなさない。

高校の事例からは、福祉職員が世帯全体を支援する立場ゆえの理解のなさ――生徒主体の支援アプローチの視点がない、つまりは、教育的ニーズへの理解を福祉職員が深める必要があることへの注目――が存在することが明らかになった。教育の専門性を持つ立場から、進学及び自立に必要な支援アプローチを、社会資源とともに考える枠組みを持たねばならないことが導かれた。教育の専門性を有する学校としては、家庭の問題であるから福祉の専門性に任せるという考えを有してしまうが、進学及び自立に向かう生徒個人の教育的ニーズの注目についても、学校から福祉職員へ意識を向けさせる支援アプローチを組み立てる必要がある。

＜注＞

１）文部科学省（2010）pp.1「第１章　生徒指導の意義と原理」参照。「生徒指導は、すべての児童生徒のそれぞれの人格のよりよい発達を目指すとともに（以下略）」と記述がある。

２）国際生活機能分類は、文部科学省（2018）『特別支援学校教育要領・学習指導要領解説 自立活動編（幼稚部・小学部・中学部）』pp.12-16「障害の捉え方と自立活動」を参照。

３）ケイパビリティは、福祉ニーズの視点から生活の質や暮らしの満足度を図るものとして考案されている。前嶋（2017a）pp.29-30「４．教育評価とケイパビリティ」を参照。

４）用語統一の研究を踏まえて作成された日本社会福祉士養成校協会（2007）から引用した。

５）前嶋（2017b）pp.69-71「５．アフォーダンス理論の活用」を参照。環境から人にフィードバックされるものとの相関により、その人の障害・困り感が決まるという概念を含む。

６）「動物（人間）は環境と相関しながら存在する」という「エコロジカル・アプローチ」による生態学的知覚論の視点を指す。河野（2011）pp.33-62を参照。

７）河野（2015）pp.52-54「中心的なケイパビリティ」に続いて「福祉の目的は、これらのケイパビリティの中で基本的なものを維持し、貧困状態から脱するようにある人を支援することとして定義できます。（中略）教育の目的は、その人のケイパビリティの最大限の開発を支援することにあると言えるでしょう。（中略）この意味で、福祉と教育の目的は連続的であり、相互に深く関係しています。」とある。

8）SSWのコンサルテーションにて、学校でよく聞かれる混乱は、福祉機関がどのような目的で支援を行っているのかわからない、まったく改善が見られない等の社会資源の役割についての不満である。このような場合、たがいにどのような役割分担をしているのかの理解がないままに、連携している可能性がある。

9）Nussbaum, Martha C.（2000）pp.92-95、翻訳から引用。

10）前嶋（2019）pp.7-8「4．教育と福祉の判断と連携」を参照。

11）中央教育審議会（2015）pp.19-21「チームとしての学校を実現するためには、学校と家庭、地域との関係を整理し、学校が何をどこまで担うのか、検討する必要がある」とある。

12）特別支援コーディネーターの職能については、前嶋（2019）pp.4-5「2．特別支援教育コーディネーターと学校内分掌」を参照。

13）文部科学省（2009）pp.92「第5章　教育相談」参照。「教育相談は、生徒指導の一環として位置付けられる」との記述がある。

14）前嶋（2018）「高校卒業後の自立を支えるケースワーカーとの協働」生徒指導学会第19回大会研究発表にて紹介した事例である。

15）本事例はSSWとともに生徒自身が法テラスの活用まで行った事例であり、20才を超える年代に在籍していたという特殊性はある。

＜文献＞

中央教育審議会（2015）「チームとしての学校の在り方の方針と今後の改善方策について（答申）」
http://www.mext.go.jp/b_menu/shingi/chukyo/chukyo0/toushin/__icsFiles/afieldfile/2016/02/05/1365657_00.pdf（2019年3月28日最終アクセス）

河野哲也（2011）『エコロジカル・セルフ』ナカニシヤ出版

河野哲也（2015）『現象学的身体論と特別支援教育』北大路書房

日本社会福祉士養成校協会（2007）「わが国の社会福祉教育、特にソーシャルワークにおける 基本用語の統一・普及に関する研究報告書」http://jaswe.jp/researchpaper/h15_yougo_report.pdf（2019年3月23日最終アクセス）

Nussbaum, Martha C.（2000）：*Women and Human Development: The Capabilities Approach*. Cambridge University Press.（池本幸生・田口さつき・坪井ひろみ訳『女性と人間開発』岩波書店2005）

前嶋深雪（2017a）「スクールソーシャルワークとインクルーシブ教育―福祉と教育の連携のために―」相模女子大学紀要VOL.80

前嶋深雪（2017b）「ケースに応じた校内支援体制づくりと社会資源連携についての実践研究―緊急度に合わせた流動的な校内チーム支援体制とSSWの活用」生徒指導学研究第16号

前嶋深雪（2019）「高等学校の合理的配慮提供と合意形成における教育と福祉の連携―生徒指導・教育相談をソーシャルワークの視点より」相模女子大学紀要VOL.82

文部科学省（2010）『生徒指導提要』教育図書株式会社

書評・資料紹介

<書評>

藤原文雄　編著

『世界の学校と教職員の働き方　米・英・仏・独・中・韓との比較から考える日本の教職員の働き方改革』

学事出版

片山紀子（京都教育大学）

近年わが国では、教師の勤務実態が過酷な状態にあり、働き方改革に注目が集まっている。

松野博一元文部科学大臣は、平成29年４月28日の文部科学大臣記者会見において、「勤務実態調査（平成28年度）」の公表に際し、教師の勤務実態は「看過できない深刻な事態」にあり、「教員の勤務時間の短縮に向けた具体的かつ実効性のある取組を早急に進める」という方針を示した。

長時間労働の是正は、教師の専門性の向上にとって不可欠である。教師がワークライフバランスのとれた生活をすることができているかどうかは、現職教員ののみならず、これから教職を目指そうかどうしようかという若者にとっても大事なポイントとなっている。

ただし、働き方改革を進めるにあたっては、わが国の実態のみをとりあげ、その深刻さを嘆くだけでは解決が見えない。諸外国と比較することによって、問題の所在および解決の方向がより鮮明なものとなるのではないだろうか。

本書は、アメリカ、イギリス、フランス、ドイツ、中国、韓国を取り上げ、わが国の実態と対比しながら、働き方改革にヒントを内包した書である。単に働き方改革を考える際の視野を広げる書であるだけでなく、具体的な議論を進めるための有益な資料となり得る。

本書の章構成は、以下のとおりである。

第１部は、「世界の学校の役割と教職員」である。それぞれの国の学校の役割と教職員について、学校の始まる時間や１日の流れをはじめ、教員の職務内容や教員の姿、学校職員の姿（免許や資格）について解説している。

第２部は、「世界の教育課程実施体制」で、教育課程の基準、すなわち授業時間や教科別の配当時間を各国ごとに記している。各教科について、あるいは道徳等教科とは異なる部分で、その国が重視していることなど特徴をうかがい知ることができる。

第３部は、「世界の生徒指導体制」である。各国の規律の扱いを概観した後で、「秩序維持」「心理的援助」「進路指導・キャリア教育」「環境調整」について記している。

第４部は、「世界の学校運営・学校事務体制」学校運営スタッフの養成と職務や管理職の役割等について解説している。

以上、１部から４部を通して、各国の教職員はわが国のそれとは異なった働き方をしていることがわかる。決してわが国の教職員の働き方が正しくないわけではないが、かなり過酷であり、長時間労働をはじめとして教職員の献身的な犠牲のもとで成り立ってきた。その持続可能性が問われているのである。

最後に、終章「教職員の働き方改革に向けた検討課題」で、子どもにも教職員にも優しい学校に向けた編者の提案がなされている。

編者（藤原）は「学校組織全体の総合力の向上」と「教師の長時間労働の是正」という２つの目的を両立させることが求められていると主張する。その上で、「1．教職員勤務体制の大枠の見直し」、「2．教育活動の分業体制の見直し」、「3．学校運営・事務の見直し」の３つの点に着目している。

「1．教職員勤務体制の大枠の見直し」については、下記の５つの点から提案している。（1）働き方改革のビジョンの明確化・共有化、（2）エビデンスに基づく働き方改革の推進、（3）学校の役割の見直しと新しい教育体制への転換、（4）教師像の見直し、（5）勤務法制の見直し。

これまでわが国の特徴である「献身的教師像」から、今後どのような教師像に移行させていくのか模索しなくてはならない。そのための時間外勤務時間等のエビデンスを示し、学校の役割を見直す必要がある。勤務が明確でそれと賃金が連動する「ジョブ型雇用」と職務が明確化されずに雇用される「メンバーシップ型雇用」があるが、日本は後者である。したがって、まずは休憩時間の確保や残業時間の抑制など体制を早急に整備すべきだという。

「2．教育活動の分業体制の見直し」については、（1）教職員の分業体制の見直し、（2）授業準備の時間の確保の２つの点からの提案である。

イギリスやアメリカでは、欠勤している教師の補欠を担当する代替教員やスタッフが配置されている。教師が休むこともあるという前提で分業体制を検討し、休み方改革も推進すべきだという。日本でも、勤務時間内に授業準備の時間がより確保できる仕組みを検討すべきだとしている。

「3．学校運営・事務の見直し」については、次の３つの点から提案している。（1）学校運営総量の減少、（2）学校運営・事務の分業体制の見直し、（3）学校管理職の資格制度の導入や教育行政職員の専門性の向上。

学校運営総量は国によって異なり、学校の役割の大小や教育委員会の機能の大小、調整の必要性の大小、校務運営システムなどのテクノロジーによって変動する。したがって、学校で遂行されている事務や経営は学校で本当に行うべきかどうかの検討が必要だという。副校長・教頭の勤務負担の軽減のためにも、事務職員の複数配置や教師業務アシスタント等の配置を望んでいる。働き方改革を進める上で、校長が一人でリーダーシップを進めるのではなく、分散型リーダーシップでミドルリーダーを鼓舞し、校内のリーダーシップの総量を増すことを求めている。大学院で効力感の高い校長へ成長することも期待している。

学校多機能・教師職務曖昧型に位置するわが国の職務内容を見直し、学校機能限定で教師職務限定のフランスやドイツ型を目指すのか、学校多機能で教師職務限定型のアメリカやイギリス、中国型を目指すのか、新たな挑戦ともいえる。

本書は、働き方改革の施策を模索・考案する立場にある当該担当者のみならず、各教職員がそれぞれに自分の仕事を見直す上でも、多くの関係者に目を通していただきたい書である。

<書評>

高橋知己・小沼豊　著

『いじめから子どもを守る学校づくり いますぐできる教師の具体策』

図書文化社

阿形恒秀（鳴門教育大学）

1．はじめに

書名の副題に「いますぐできる教師の具体策」とあるように、本書は、いじめ防止対策のポイントを学校現場に具体的にわかりやすく示した好著である。「わかりやすさ」の理由は、単に「平易な解説」であるだけではなく、「生徒の視点」と「教師の視点」を大切にしていじめ問題を考察している点にある。

本書は、「第Ⅰ部 いじめに対する認識－理論編」（第１章～第３章）と「第Ⅱ部 いじめへの対応－実践編」（第４章～第７章）の二部構成となっている。

2．著者について

著者の高橋知己氏は、上越教育大学大学院学校教育研究科の教授で、専門は生徒指導、特別活動等である。いじめ問題に係る研究にも精力的に取り組み、上越市いじめ防止対策等専門委員会委員長、新潟県いじめ防止対策等に関する委員会委員等を務め、2019年８月の日本ＰＴＡ全国研究大会兵庫大会のいじめをテーマとした特別第一分科では基調講演を行っている。

共著者の小沼豊氏は、東京純心大学現代文化部の専任講師で、千葉県のスクールカウンセラーとしても活躍している。2019年度の日本生徒指導学会賞では、研究奨励賞（執筆部門）を受賞している。

このように、両氏ともに、学校現場等での臨床的な関わりをベースに、経験知と学術知の往還の中でいじめ研究に取り組んでいる。

3．生徒の視点

児童生徒理解の要点の一つは、児童生徒の言葉に耳を傾ける“子どものことは子どもに聞く”姿勢である。第４章「いじめの実態」では、「いじめを一番身近に見聞きしているはずの生徒の視点から学校現場の状況を把握する」ために、大学生を対象にした「いじめの直接・間接経験」に関するアンケート調査結果を分析している。

回答された事例をいじめの種類（態様）によって分類すると、「無視、仲間外れなど、子ども同士の人間関係を攻撃するもの」が多く、「『××菌』と呼んで特定の子やその子の持ち物に触らないなどのいじめ」も根強くみられると述べられている。また、回答の言語分析を行い、出現頻度が高い言葉について考察している部分も興味深い。名詞では「クラス」頻度が圧倒的に多いことや「男子」よりも「女子」が多いこと、サ変動詞では「無視する」が突出して多いこと、その他では「不潔」「汚い」「臭い」「菌」などが目につくことが明らかにされている。さらに、出現した語と語のネットワークを作成する中で、「机－菌－触る－汚い」のつながりが強い点に注目している。

このような論考は、教育臨床的（事例検討的、エピソード分析的）ないじめ研究のモデルとなるものである。

4．教師の視点

いじめの発見が後手に回ったり、認知件数が少なかったりすると、いじめ防止対策に関する「教師の無理解」や「対応の拙さ」という観点から教師不信に基づく学校批判が展開されることが少なくない。

しかしながら、本書の著者は、「教師の視点」に立って、いじめに気づかないことを「教師の責任」の問題だけに矮小化するのではなく、第5章「いじめの早期発見」で、「いじめを発見しにくい理由」を丁寧に読み解いている。「加害者のしたたかさ」「援助要請できない被害者」「二重の秘匿」「学級力の低下」「いじりといじめ」「子ども社会の特性」の項は、いじめ発見（認知）について強迫的なプレッシャーを感じ委縮している先生方をエンパワーするのではないだろうか。

5．いじめの報告書の活用

「生徒の視点」「教師の視点」を大切にしつつ、様々な専門の立場からの知見を踏まえていじめ防止に取り組むために、第三者委員会の調査報告書を学校現場で活用することの意義を示唆している点も、本書の大きな特徴である。

第3章「いじめの報告書に学ぶ」では、湯河原事案・名古屋事案・矢巾事案の三事案の報告書について「何を読み取りそれをどう次代につなげていけばよいのか」を考察している。

著者は、三事案の要素を抽出し、それぞれの構成を比較したうえで、再発防止の観点から各報告書の特徴をまとめている。湯河原報告書からは、学校のアンケート調査の取り扱いと保存に関する記述をとりあげ、「学校はアンケートを取ることで、それで一つの任を果たしたという感じがあるかもしれないが、大切なのは、そのアンケートから何を読み取るかである」と著者は指摘している。名古屋報告書からは、名古屋市の積極的ないじめ防止対策に関する言及をとりあげ、「取組みが形骸化してしまえば、それは、単なる『いじめ防止の取組みをしています』という言い訳になってしまう」ことに留意し、「対策をしているつもりが、そこに迫っている子どもたちの危機から目を背けることになっていないか、われわれは常に考えなければならない」と著者は指摘している。矢巾報告書については、メッセージ『生徒の皆さんへ』に着目し、「信頼関係が築けているならば、自分一人で悩みを抱え込んでしまいがちな思春期の子どもたちも安心して援助を求めることができる」と著者は指摘している。

6．他の章について

第1章「いじめの課題に対するとらえ方の変容を知る」では、文部科学省の問題行動等調査の1986年、1994年、2006年、2013年の定義の変更過程と、いじめに係る文部科学省の通知・通達の主旨を概観している。そして、いじめの定義は「教員が一つの方向性をもっていじめ対応に当たるためのコンパス（羅針盤）」を明確化するためにあると指摘している。

第2章「いじめ防止対策推進法における組織的な対応および重大事態の理解」では、「出来事を隠すことなく、早期に事態を開示して対処することに重きを置く組織内の価値を形成していくことが重要である」と提言し、教員の抱え込みを乗り越えていく方向性を示している。

第6章「いじめ防止のための三つの提案」では、いじめ問題をめぐる現状の問題点を踏まえて、「いじめの避難訓練」「アンケートの工夫、SCT（文章完成法）の活用」「トイレの共有化」を提言している。

第7章「ネットいじめと子どもの人間関係」では、「高い匿名性」「回しいじめ」等のネットいじめの特質を踏まえ、「切る力（勇気）と離れる力（スキル）」の育成の必要性を指摘している。

本書を手にして、「いじめという大きな課題に、いま真正面から問いかけていきたい」という著者の決意を是非読み取っていただきたい。

＜資料紹介＞

文部科学省初等中等教育局児童生徒課
『いじめ対策に係る事例集』

八並光俊（東京理科大学）

1．実事例に基づく実践的参考書

本書は、平成29年３月に最終改定された「いじめの防止等のための基本的な方針」を踏まえ、学校現場でのいじめ防止等の参考書としての活用を目的としている。

特色としては、「各教育委員会や学校等から募集した多くの実際の事例の中から、いじめの防止、早期発見及び対処等の点で特に優れていると判断した事例や学校現場において教訓となると判断した事例」が掲載されている。すなわち、本書の事例は仮想事例ではなく、大半が匿名化された実事例であるということである。また、各事例について、文部科学省としてのコメントが付記されている。

本書は、文部科学省のWebサイトから簡単にダウンロード可能である。同書の総頁数は、210頁である。目次は、右の通りである。７つのパーツから構成されている。事例は、Case1からCase47まである。掲載事例を校種等別にみると、公立小学校16事例、公立小中一貫校１事例、公立中学校16事例、公立高等学校１事例、公立特別支援学校２事例、国立中学校１事例、国立高等学校１事例、教育委員会８事例、日本弁護士連合会１事例である。

資料は、「いじめ防止対策推進法」、「いじめ防止等のための基本的な方針」（最終改定）、「いじめ重大事態の調査に関するガイドライン」などが掲載されている。資料は、全体の約４割を占める。

2．学校現場での具体的活用法

（1）個人学習用の卓上参考書

本書の学校現場での活用法としては、第一に教員、スクールカウンセラー、スクールソーシャルワーカー、相談員・支援員、教育委員会指導主事などが自己学習に用いる。

私事ではあるが、いじめ防止対策推進法に関する現職教員研修において、多くの教員が同法を理解していない。また、「いじめ防止等のための基本的な方針」も、全くといってよいほど、読まれていない。この他の重大事態の調査ガイドラインも、経験者以外は同様である。いじめ防止等の基本は、教職員一人ひとりが法律やガイドラインを理解することである。

文部科学省のWebサイトを検索しなくても、同書を卓上において適時読み、確認するとよい。資料については法律やガイドラインがまとめて原文掲載されているので、個人学習用のデスクトップ参考書として活用できる。

（2）校内研修用の参考書

活用法の第二は、全教職員参加の校内研修で用いる。いじめ防止等組織が中心となって、同書の事例をもとに校内研修を開催するとよい。たとえば、〔①事例の提示→②個人学習→③グループ討議→④グループ発表→⑤総括〕という手順で研修を行う。

①事例の提示

事例概要と対応（個人学習・グループ討議）などを記入するA４版ワークシート（右図参照）を、参加者に配付する。Case02「『大丈夫』と答えたので苦痛を受けていると判断しなかった事案」を例にすると、「事例の概要」（関係生徒・いじめの概要）と「事態の経緯」から検討事例について文章化する。司会者が、事例を読み上げ簡単な質疑応答を行う。

②個人学習

教職員個人でこの事例でどのような対応をするのか検討して、ワークシートの対応（個人学習）に記入する。

③グループ討議

数名で編成したグループで、司会者を決めて、対応について討議して、グループ発表に備える。

④グループ発表

グループ毎に、討議した内容を発表する。

⑤総括

いじめ防止等組織の教員から、グループ発表のまとめと、同書の「本事例に対するコメント」を参考に、自校の指導体制を踏まえて、いじめ防止対策推進法の視点、児童生徒への支援・指導の視点、保護者対応の視点から助言を行う。

■事例概要（Case02） ①関係生徒は、……である。 ②いじめの経緯は、……である。
■個人学習 ①緊急のいじめ対応会議を……開催する。 ②被害生徒への……事実確認を行う。
■グループ討議 ①いじめの認知を……組織的に行う。 ②いじめ対策委員会で、……方針を決める。
■グループ発表 ①グループ１は、……の開催が優先である。 ②グループ２は、……情報共有が重要である。
■総括 ①いじめ防止対策推進の視点から…… ②児童生徒への支援・指導の視点から…… ③保護者対応の視点から……

（3）PDCAや困難事例への対応学習

この他、Case10の学校基本方針の策定・見直しのプロセス（PDCAサイクルに係る取組）、Case40の加害者への出席停止措置、Case41～43の発達上の課題がある児童生徒が関わるいじめへの対処は、いじめ防止等対策のPDCAの確立やいじめの困難事例への対応の想定に非常に役立つと思われる。

学会会務報告 他

1．日本生徒指導学会活動報告（2018年11月〜）

1．第35回常任理事会

⑴　日時　2018年11月17日（土）　12：00〜12：30
⑵　会場　同志社大学
⑶　議事　○第20回大会開催要領について
　　　　　○その他
⑷　確認　○第20回大会開催校については、後日、常任理事で検討することとなった。

2．機関誌編集委員会

⑴　日時　2018年11月17日（土）　13：00〜13：30
⑵　会場　同志社大学
⑶　内容　機関誌第18号の編集について
　　　　　＊特集テーマおよび執筆者の選定　＊その他

3．年次大会（第19回大会）

⑴　期日　2018年11月17日（土）・18日（日）
⑵　会場　同志社大学
⑶　日程及び概況

［11月17日］

12：30　理事会

○2017年度会計報告について
○2017年度年次大会収支決算報告について
○入会状況について
○各支部の活動状況について
○いじめ問題調査委員の推薦について
○2019年度会計予算（案）について
○選挙規定の改定について
○役員選挙について
○第20回大会開催要領・開催場所・実行委員長について
○その他

※第20回大会開催校については、後日、常任理事で検討することとなった。
その他の各報告・議題とも了解された。

13：00　第19回総会

○2017年度会計報告について
○2017年度年次大会収支決算報告について
○入会状況について
○各支部の活動状況について

○いじめ問題調査委員の推薦について
○2019年度会計予算（案）について
○選挙規定の改定について
○役員選挙について
○第20回大会開催要領・開催場所・実行委員長について
○その他

※第20回大会開催校については、後日、常任理事で検討することとなった。
その他の各報告・議題とも了解された。

13：30　開会式

13：45　シンポジウム
○テーマ：子どものかけがえのない命を守るために
基調講演
○テ　ー　マ：生徒指導における危機管理
○講　　師：阪根　健二（鳴門教育大学）
パネルディスカッション
○テ　ー　マ：①SNSを利用した相談体制（LINE相談）の取組について
発表者：井上　仁志
（大津市市民部文化・青少年課いじめ対策推進室主幹）
②薬物乱用防止に向けた生徒会の取組
発表者：野村　一眞（京都市教育委員会生徒指導課指導主事）
③子どもの貧困等への対応
発表者：福山　正樹（大阪市教育委員会教育活動支援担当
生活指導グループ総括指導主事）
④自殺のポストベンション
発表者：赤澤真旗子（明石市立野々池中学校養護教諭）
○司　　会：新井　肇（関西外国語大学）

17：20　情報交換会

［11月18日］
10：00　自由研究発表
◎第１分科会　司会：新井　立夫（文教大学）
1．“生き方・在り方”を見つめ自己教育力を高める年間指導
－「マイチェックシート」の活用事例を通して－
柳瀬　啓史（高知市立介良小学校）
2．高校における「特別指導」の実際
－「特別指導」とはどのような指導か－
梅澤　秀監（都立雪谷高校）

3．小学校から中学校につなぐ生徒指導Ⅵ
－「A小学校児童の規範意識醸成と学力向上の考察」から見えたこと－
○池田　真弘（大阪市立矢田東小学校）・笠谷　和弘（大阪市立大正西中学校）
4．高校卒業後の自立を支えるケースワーカーとの協働
－定時制高校のスクールソーシャルワークからの提起－
前嶋　深雪（東京学芸大学／精神保健福祉士）

◎第2分科会　司会：住野　好久（中国学園大学）
1．生徒指導の機能が作用する教育活動で生徒に養成される資質・能力
－中学生の社会的なリテラシーに着目した授業実践の検証－
中村　豊（東京理科大学）
2．学力を下支えする非認知的能力（社会情緒的コンピテンス）の育成
－Responsive Classroom（生徒の主体性を育む教室）を手がかりに－
高見　砂千（公益財団法人 未来教育研究所）
3．生徒指導の機能と特別活動における学級活動の再考
－平成29年3月告示「中学校学習指導要領」の場合－
中尾　豊喜（大阪体育大学）
4．昼間定時制高校新入生における自尊感情と情動知能の類型
○赤松　大輔（名古屋大学）・田口　恵也（名古屋大学）
小泉　隆平（近畿大学）

◎第3分科会　司会：藤平　敦（国立教育政策研究所）
1．子どもの変容を生み出す「効果のある学校づくり」と生徒指導
－子どもの意識と行動の構造に適合した「効果のある指導」の組織的展開とその効果－
久我　直人（鳴門教育大学）
2．中学生の長期欠席の理由に関する分類についての都道府県比較
河本　肇（広島修道大学）
3．『生徒指導の基礎的概念』に関する再考察
石田　美清（埼玉県立大学）
4．統計学習を通じた生徒指導
八並　光俊（東京理科大学）

◎第4分科会　司会：相馬　誠一（東京家政大学）
1．いじめられた時期といじめの長期的影響の検討
－事例研究における質的分析－
○亀田　秀子（十文字学園女子大学）・会沢　信彦（文教大学）
2．インターネット利用と生活の諸側面の関係に関する検討（Ⅱ）
－中学生対象の生活実態調査の結果から－
○小谷　正登（関西学院大学）・岩崎　久志（流通科学大学）
三宅　靖子（梅花女子大学）

3．学校現場における「LGBT」への対応
　－居心地のよい学校づくりへの提言－
○阪根　健二（鳴門教育大学）・竹下　早慧子（鳴門教育大学）
4．いじめ予防、自殺防止としての「こころのスキルアップ教育」
　－認知行動療法の考えを教育現場に活かす取組－
桐木　玉美（愛媛県立東温高等学校）

◎第5分科会　司会：桶谷　守（京都教育大学名誉教授）
1．養護教諭が想起する生徒指導に対するイメージの研究
　－保健室の生徒指導に関するPAC分析の結果から－
○中川　靖彦（舞鶴市立朝来小学校）・新井　肇（関西外国語大学）
2．東京都A区の区立中学校におけるスクールカウンセリング体制に関する校長の意識調査
　－課題と今後の改善について－
○玉置　あす果（明治学院大学大学院）・小野　昌彦（明治学院大学）
3．チーム学校をめぐる現代的課題
　－若年教員と熟練教員の差異を中心に－
○片山　紀子（京都教育大学）・角田　豊（京都産業大学）
4．人が励まされる言葉の探索的研究
　－協同的なグループワークに参加した教員のワークシートの質的分析より－
○鈴木　聡志（東京農業大学）・木内　隆生（東京農業大学）

13：30　フォーラム①
○テーマ：あらためて、いじめ防止のための学校・教育行政の取り組みを問う
　－重大事態を防ぐために－
○シンポジスト：
宮古　紀宏（国立教育政策研究所 生徒指導・進路指導研究センター）
米口　征代（兵庫県県西宮市立小学校）
高橋　典久（岡山県教育委員会）
○指定討論者：
森田　洋司（日本生徒指導学会会長、鳴門教育大学）
○コーディネーター：
相馬　誠一（東京家政大学・いじめ防止対策改善特別委員会）

フォーラム②
○テーマ：新学習指導要領における生徒指導
○シンポジスト：
藤平　敦（国立教育政策研究所生徒指導・進路指導研究センター）
七條　正典（高松大学）
住野　好久（中国学園大学）

ワークショップ（学校心理士資格更新手続き細則Ａ該当研修会）
○テーマ：学校危機対応－そのとき、あなたならどうする－
○講　師：瀧野　揚三（大阪教育大学）

4．第36回常任理事会

⑴　日時　2019年４月27日（土）　13：00～15：00
⑵　会場　東京理科大学　神楽坂キャンパス
⑶　議事　○第20回大会開催要領について
○各種委員会報告
○支部活動報告
○予算関係報告
○その他
⑷　確認　○第20回大会案内および学会賞についてはHPに掲載し、大会案内は学会賞について掲載したNewsletterとともに発送した。
○各委員より、委員会活動状況について口頭で報告された。
○支部活動報告では、各支部の昨年度の活動状況ならびに今年度の活動予定について報告された。
○会計監査報告では、４月７日に2018年度会計報告書に基づき、土田雄一ならびに宮古紀宏の両氏によって監査が実施され、適正な会計処理が行われていることが確認されたことが報告された。

5．機関誌常任編集委員会

⑴　日時　2019年４月27日（土）　15：00～17：00
⑵　会場　東京理科大学　神楽坂キャンパス
⑶　内容　機関誌第18号の編集について
＊査読スケジュールの確認　＊特集題の決定等　＊その他

6．機関誌常任編集委員会

⑴　日時　2019年７月13日（土）　14：00～16：00
⑵　会場　東京理科大学　神楽坂キャンパス
⑶　内容　機関誌第18号の編集について
＊第一次査読結果の審議　＊その他

7．第37回常任理事会

⑴　日時　2019年８月８日（木）　12：00～12：30
⑵　会場　鳴門教育大学
⑶　議事　○第21回大会開催要領について
○その他
⑷　確認　○第21回大会開催校については、後日、常任理事で検討することとなった。

8．年次大会（第20回大会）

⑴　期日　2019年８月８日（木）・９日（金）
⑵　会場　鳴門教育大学
⑶　日程及び概況

［８月８日］

12：30　理事会

〇2018年度会計報告について
〇2018年度年次大会収支決算報告について
〇入会状況について
〇各支部の活動状況について
〇2020年度会計予算（案）について
〇第21回大会開催要領・開催場所・実行委員長について
〇その他

※第21回大会開催校については、後日、常任理事で検討することとなった。
その他の各報告・議題とも了解された。

13：15　第20回記念大会シンポジウム

〇テ　ー　マ：日本生徒指導学会の役割
－これまでの歩みと課題、これからの方向について－
〇話題提供者：森田洋司（日本生徒指導学会会長・鳴門教育大学）
八並光俊（日本生徒指導学会副会長・東京理科大学）
山下一夫（日本生徒指導学会常任理事・鳴門教育大学）
〇指定討論者：桶谷 守（日本生徒指導学会常任理事・京都教育大学名誉教授）
七條正典（日本生徒指導学会副会長・高松大学）
〇司　　　会：森嶋昭伸（元国立教育政策研究所）

16：45　第20回総会

〇2018年度会計報告について
〇2018年度年次大会収支決算報告について
〇入会状況について
〇各支部の活動状況について
〇2020年度会計予算（案）について
〇第21回大会開催要領・開催場所・実行委員長について
〇その他

※第21回大会開催校については、後日、常任理事で検討することとなった。
その他の各報告・議題とも了解された。

17：10　学会賞授与式

17：45　情報交換会

［8月9日］

9：30　自由研究発表

◎第1分科会　司会：桶谷　守（京都教育大学名誉教授）

1．教師による「児童間・生徒間理解」の再定位
　　中村　映子（筑波大学大学院／中央学院大学）

2．いじめの内的要因・外的要因とプログラムを活用した予防方法
　　－先行研究のレビューとKiVaプログラムの分析に基づいて－
　　日野　陽平（東京学芸大学大学院）

3．いじめ事象に関わる子どもの心理状態に関する基礎的研究
　　千原　雅代（天理大学）

4．生徒個々がつながる集団形成の意義を再考する
　　－規範の生成過程を事例に－
　　中尾　豊喜（大阪体育大学）

5．高校生の規範意識と主観的健康観との関連について
　　－全日制と定時制との差に焦点を当てて－
　　岡田　倫代（高知大学大学院）

◎第2分科会　司会：相馬　誠一（東京家政大学）

1．小学生のメンタルヘルスに関する研究
　　石飛　美香（東京家政大学大学院）

2．中学生の学校不適応とバウムテスト
　　○北田　祐実（所沢市教育委員会）・相馬　誠一（東京家政大学）

3．人間関係にみる協働的描画表現活動による児童への教育効果に関する一考察
　　松岡　敬興（山口大学）

4．適応指導教室におけるグループ・アプローチを用いた実践的研究
　　○宮内　更紗（ふじみ野市さわやか相談員）・相馬　誠一（東京家政大学）

5．定時制高校生の構成的グループエンカウンターの効果
　　坂下　朋子（東京家政大学大学院）

◎第3分科会　司会：若田　透（大阪府枚方市立第一中学校）

1．教師が担う生徒指導の力量についての基礎的研究（1）
　　－中学校教員に対する質的調査の結果から－
　　○新井　肇（関西外国語大学）・中川　靖彦（舞鶴市立朝来小学校）

2．教師が担う生徒指導の力量についての基礎的研究（2）
　　－小学校教員に対する質的調査の結果から－
　　○中川　靖彦（舞鶴市立朝来小学校）・新井　肇（関西外国語大学）

3．日本におけるゼロ・トレランス理念に基づく生徒指導の有効性と課題について
　　－生徒への質問紙調査から－

井　陽介（立正大学）

4．統計学習を通じた生徒指導　小学校から中学校につなぐ生徒指導Ⅶ

－小学校における「段階的指導」実践を深めて見えてきたこと－

○池田　真弘（大阪市立矢田東小学校）・笠谷　和弘（大阪市教育委員会事務局）

5．日米比較を通して見る生徒懲戒制度

片山　紀子（京都教育大学）

◎第4分科会　司会：山口　満（筑波大学名誉教授・びわこ成蹊スポーツ大学名誉教授）

1．“生き方・在り方”を見つめ、自己教育力を高める年間指導Ⅱ

－子どもの自律性伸張と開発的生徒指導の展開－

柳瀬　啓史（高知市立小学校）

2．「育てる教育相談」を基盤としたキャリア教育実践

－キャリアファイルを活用したB中の実践－

廣岡　千絵（神戸市総合教育センター）

3．中学生の学級担任に対する学級モラールの中2から中3での推移

－学級担任のリーダーシップと公正感を通して－

藤原　則之（松戸市立和名ヶ谷中学校）

4．生徒指導情報分析とデジタルレポートによる「学びに向かう力」の形成効果

八並　光俊（東京理科大学）

5．学級集団と児童理解のためのアセスメントツール（C-SCT）の開発

○石井　雄大（上越教育大学大学院）・高橋　知己（上越教育大学）

13：15　フォーラム①

○テーマ：ICTソリューションを活用した生徒指導支援の進め方

－生徒指導現場の改善に向けて－

○話題提供者：

草野　純一（文部科学省初等中等教育局）

「ICTを活用した児童生徒並びに教員支援に関わる国際的な動向について」

武田　國宏（上板町立高志小学校）・久我　直人（鳴門教育大学）

「FEELBOT を活用した生徒指導・学級経営・学校経営の支援ツールの効果と課題について」

滝　充（国立教育政策研究所）

「Q-Uテストを活用した生徒指導の適切な進め方と課題」

大橋　忠司（同志社大学）・井上　浩史（京都市教育委員会）

「教育委員会が開発した生徒指導に関するテストバッテリーの効用と今後の課題について」

八並　光俊（東京理科大学）

「＜シグマ＞を活用した生徒指導の進め方」

○指定討論者：

竹内　和雄（兵庫県立大学）

○総合司会：

森田　洋司（鳴門教育大学）

フォーラム②

○テーマ：いじめ防止対策推進法のこれまでとこれから

○話題提供者：

新井　　肇　（関西外国語大学）

髙橋　知己（上越教育大学）

○指定討論者：

佐藤　秀行（公益社団法人日本PTA全国協議会常務理事）

安西　政和（徳島県教育委員会）

○コーディネーター：

阿形　恒秀（鳴門教育大学）

ワークショップ（学校心理士資格更新手続き細則Ａ該当研修会）

○テーマ：多職種からなるチーム支援の効果的なあり方

○講　師：野田　正人（立命館大学）

9．機関誌編集委員会

⑴　日時　2019年８月９日（金）　12：30～13：00

⑵　会場　鳴門教育大学

⑶　内容　機関誌第19号の編集について

＊特集テーマおよび執筆者の選定　＊その他

2．日本生徒指導学会会則

2000年11月25日制定
2002年８月24日改定
2004年11月20日改定
2006年11月18日改定
2009年11月７日改定
2012年11月10日改定

第１章　総　則

（名称）
第１条　本会は日本生徒指導学会（The Japanese Association for The Study of Guidance and Counseling）と称する。
（目的）
第２条　本会は、生徒指導に関する研究及び実践の成果の交流と共有を通じて、我が国における生徒指導の充実と発展に寄与することを目的とする。
（事業）
第３条　本会は、前条の目的を達成するために、次の事業を行う。
(1)　会員の研究及び実践の促進及び充実を目的とする年次大会（日本生徒指導学会大会）及び総会の開催
(2)　会員の研究及び実践の促進を目的とする他の会合の開催
(3)　生徒指導と関わりのある諸学会及び諸団体等との連絡及び提携
(4)　機関誌・広報紙等の編集及び刊行
(5)　その他前条の目的を達成するために必要な事業

第２章　会　員

（会員）
第４条　本会の会員は正会員、名誉会員及び賛助会員とする。
２　正会員は、本会の趣旨に賛同する者で、常任理事会の承認を得て所定の会費を納入した者とする。ただし、会費未納の年より会員の権利を失い、継続して２年間にわたって会費を未納の場合は、除籍とする。除籍者は除籍に至るまでの未納会費を全納することにより再入会の資格を得る。
３　名誉会員は、本会の運営に功績のあった者で、理事会が推薦し総会の承認を得た者とする。
４　賛助会員は、本会の事業に財政的援助をなした者で、常任理事会の承認を得た者とする。
（会員の権利）
第５条　正会員及び名誉会員は、次の権利を有する。
(1)　本会が主催する事業への参加
(2)　理事の選出
(3)　大会における研究発表
(4)　機関誌への投稿
(5)　機関誌、会員名簿及び大会プログラムの無償頒布

第３章　役員及び機関

（役員）
第６条　本会に次の役員を置く。
(1)　会長

⑵　副会長　　　若干名
⑶　理事　　　　若干名
⑷　常任理事　　若干名
⑸　監事　　　　　２名
２　会長は、本会を代表し会務を総括する。
３　副会長は、会長を補佐し、会長に事故あるときは、あらかじめ会長が定めた順序にしたがってその職務を代行する。
４　理事は、本会の運営にあたる。
５　常任理事は、会務の執行にあたる。
６　監事は、本会の会計を監査する。

（役員の任期）

第７条　役員の任期は３年とし、再任を妨げない。
２　補欠の役員の任期は、前任者の残任期間とする。

（役員の選出）

第８条　会長、副会長、常任理事及び監事は理事会で選考し、総会の承認を求めるものとする。
２　理事は、各支部担当１名を含み会員の選挙によって選出する。選挙規程は別に定める。なお、会長が本会の運営上必要と認める場合は、総会の承認を得て理事を加えることができる。

（顧問）

第９条　本会に顧問を置くことができる。
２　顧問は、会長が理事会の承認を得て委嘱する。
３　顧問の任期は１年とし、再任を妨げない。

（機関）

第10条　本会に次の機関を置き、会長がこれを招集する。
⑴　総会
⑵　理事会
⑶　常任理事会
２　理事会は、必要な場合は委員会を設けることができる。

（総会）

第11条　総会は本会の最高議決機関であって、次の権限を有する。
⑴　会長、副会長、常任理事及び監事の承認
⑵　予算及び決算の承認
⑶　本会の運営の基本方針の決定
⑷　会則の改正
⑸　その他本会の目的を達成する上で必要な重要事項の決定
２　総会は、本会の会員をもって構成する。
３　総会は、原則として毎年１回開催するものとする。必要があるときには、会長が臨時に総会を招集することができる。
４　総会の議長は会長が指名した者が行う。
５　総会の議事は、出席者及び委任状提出者の過半数をもって決する。

（理事会）

第12条　理事会は、総会に次ぐ審議機関とする。

　2　理事会は、会長、副会長、理事及び常任理事をもって構成する。

　3　第11条第４項及び第５項は理事会に準用する。

（常任理事会）

第13条　常任理事会は会務の執行を行う機関とする。

　2　常任理事会は、会長、副会長及び常任理事をもって構成する。

　3　第11条第４項及び第５項は常任理事会に準用する。

第４章　支　部

（支部）

第14条　本会は支部を設けることができる。

　2　支部については別に定める。

第５章　機関誌

（機関誌）

第15条　本会の機関誌は、毎年１回発行するものとする。

第16条　前条の機関誌の編集にあたるため、会長は理事会の承認を得て編集委員を委嘱するものとする。

第６章　会　計

（年会費）

第17条　正会員は、毎年５月末までに当該年度の年会費を納入しなければならない。

　2　年会費の額は総会において決定する。

（正会員は6,000円、学生会員〔現職をもたない学生〕は5,000円とする）

（会計年度）

第18条　本会の会計年度は、毎年４月１日に始まり、翌年３月31日に終わる。

第７章　事務局

（事務局）

第19条　常任理事会は会務執行を助けるために事務局を置く。

　2　事務局は、常任理事会の指示を受けて本会の会務を処理する。

　3　事務局には事務局長を置く。

　4　事務局長は、会長が理事会の承認を得て委嘱する。

　5　事務局長は、職務遂行に必要とする範囲で事務局監事を委嘱することができる。

第８章　改　正

（改正）

第20条　本会則の改正は、総会の議決による。

第９章　細　則

（細則）

第21条　本会の運営に必要な細則は、理事会の承認を得て会長が定める。

附　則

1　本会則は、2000年11月25日から施行する。

2　本会の設立当初の役員は、第８条の規定にかかわらず、設立総会において選出される。

3　設立当初の会計年度は、第18条の規定にかかわらず、設立総会の日から2001年３月31日までとする。

4　本会の事務局は、東京理科大学理学部教職課程教室に置く。

3．日本生徒指導学会役員選挙規程

2003年５月10日制定
2008年11月８日改定
2014年10月４日改定
2016年10月29日改定
2017年11月25日改定

第１条　本規程は日本生徒指導学会会則第６条（役員）、第７条（役員の任期）及び第８条（役員の選出）に基づき、本学会役員を会員の中から選出する方法を定めることを目的とする。

第２条　理事の選挙は、全会員の無記名郵送投票による。

第３条　理事の選挙権、被選挙権は会員であることを資格条件とする。ただし、前年度までに本会に入会し、会員期間中に年会費の未納がなく、役員選挙実施年度の会費納入期限までに当該年度年会費を納入済みであることとする。

第４条　投票は、自支部１名以上を含む５名連記とする。ただし、５名以下の不完全連記も有効とし、５名を超える連記の票は全員無効とする。

第５条　理事定員は、以下のとおりとする。

１．理事定員は20名（支部担当７名を含む）とし、この中に会長推薦理事若干名を含むことができる。

２．各支部ごとの最高得票者１名を支部担当理事とする。同点者が生じた場合は、選挙管理委員会が抽選によって決定する。

３．支部担当理事以外に、全体の得票上位者と会長推薦者を合わせて13名を理事とする。また、支部担当理事を含めた理事は、各支部の会員数に応じた割合で構成する。同点者が生じた場合は、選挙管理委員会が抽選によって決定する。

４．支部の構成は次のとおりとする。

北海道・東北（北海道、青森、岩手、宮城、秋田、山形、福島）
関東（茨城、栃木、群馬、埼玉、千葉、東京、神奈川）
中部（新潟、富山、石川、福井、山梨、長野、岐阜、静岡、愛知）
近畿（三重、滋賀、京都、大阪、兵庫、奈良、和歌山）
中国（鳥取、島根、岡山、広島、山口）
四国（徳島、香川、愛媛、高知）
九州（福岡、佐賀、長崎、熊本、大分、宮崎、鹿児島、沖縄）

第６条　本規程によって選ばれた理事は、互選によって会長１名、副会長若干名、常任理事若干名を決定するとともに、理事以外の会員の中から監事２名を選考するものとする。

第７条　理事に欠員または辞退が生じたときは、次点者をもって補い、その任期は前任者の残任期間とする。

第８条　投票結果については全会員に通知するとともに、理事会において選考された各種役員については、当該年度総会において承認を得るものとする。

第９条　選挙管理委員会は常任理事会が委嘱し、委員の互選によって委員長を決定する。

附　則　１．本役員選挙規程の改正は、総会の議決による。

２．本役員選挙規程は、2017年11月25日から有効とする。

4．日本生徒指導学会役員（任期：2018年11月17日～2021年度総会）

〔会　長〕

森田　洋司（鳴門教育大学）

〔副会長〕

新井　　肇（関西外国語大学、近畿支部担当理事、機関誌編集委員長）
七條　正典（高松大学、学会賞選定委員長）
八並　光俊（東京理科大学、事務局長、広報委員長）

〔支部担当理事〕

北海道・東北支部　苅間澤勇人（会津大学）
関東支部　会沢　信彦（文教大学）
中部支部　水谷　明弘（名古屋産業大学）
近畿支部　新井　　肇（関西外国語大学、副会長、機関誌編集委員長）
中国支部　住野　好久（中国学園大学）
四国支部　阿形　恒秀（鳴門教育大学）

〔全国理事〕

桶谷　　守（京都教育大学名誉教授）
坂田　　仰（日本女子大学）
阪根　健二（鳴門教育大学、関係団体等調査研究交流推進委員長）
相馬　誠一（東京家政大学、いじめ・不登校等対策推進改善委員長）
滝　　　充（国立教育政策研究所名誉所員、生徒指導基盤研究開発推進委員長）
中村　　豊（東京理科大学）
野田　正人（立命館大学）
山口　　満（筑波大学名誉教授）
山下　一夫（鳴門教育大学、教職課程設置大学連携推進委員長）
若井　彌一（京都光華女子大学）
若田　　透（枚方市立第一中学校）

※会長推薦理事含む

〔事務局長〕

八並　光俊（東京理科大学、副会長、広報委員長）

〔監　事〕

土田　雄一（千葉大学）　宮古　紀宏（国立教育政策研究所）

※下線は、常任理事

5．日本生徒指導学会機関誌編集委員会関係

1．日本生徒指導学会機関誌編集規程

2001年11月11日制定
2012年11月10日改定

第１条　この規程は、日本生徒指導学会会則第16条に基づき、日本生徒指導学会機関誌の編集、発行の手続き等について定める。

第２条　機関誌の名称は、『生徒指導学研究』（The Japanese Journal of The Study of Guidance and Counseling）とする。

第３条　機関誌は、原則として１年に１回発行する。

第４条　機関誌には、生徒指導に関する未公刊の論文、研究報告、文献・資料紹介、学会会務報告、その他会員の研究活動についての記事を編集掲載する。

第５条　機関誌の編集のために、編集委員会を置く。編集委員会は会長の委嘱する委員若干名によって構成する。構成員の任期は３年とする。但し、再任は妨げない。

第６条　編集委員の互選により編集委員会委員長と常任委員若干名を置くことができる。

第７条　編集事務を担当するため編集委員会事務局を組織し、編集幹事若干名を置くことができる。編集幹事は編集委員会が委嘱する。

第８条　機関誌に論文の掲載を希望する会員は、別に定める「『生徒指導学研究』投稿要領」に従うものとする。

第９条　投稿された論文の採否については、編集委員の合議によるものとする。

２　編集委員会が必要と認めるときは、編集委員会委員以外の会員に審査を依頼することができる。

第10条　採択された論文の形式、内容について編集委員会で軽微な変更を加えることがある。但し、内容に関して重要な変更を加える場合は、執筆者との協議を経るものとする。

第11条　論文等の印刷に関して、図版等で特に経費を必要とする場合は、その費用の一部を執筆者の負担とすることができる。

附　則　この規程は、2001年11月11日から施行する。

2．『生徒指導学研究』投稿要領

2001年11月11日制定
2004年11月20日改定
2008年11月８日改定
2009年11月７日改定
2010年11月６日改定
2011年11月５日改定
2013年11月９日改定
2017年11月25日改定

1．投稿は、生徒指導に関する研究論文、実践研究報告とする。
　投稿論文の分類は次のとおりとする（分類は投稿者が選ぶが、審査により他の領域に移る場合もある）。
・研究論文：生徒指導の理論・調査・実践に関する論文。研究論文は、①先行研究の検討、②具体的な方法、③結果と考察・今後の課題、④参考文献の適切な引用及び明示がなされており、新しい知見が提案されているもの。
・実践研究報告：生徒指導の実践・事例等に関する報告。なお、問題提起・考察がなされ、実践内容及び検討事例そのものに先見性や新たな視点がみられるもの。
2．投稿論文は未発表のものに限る。他の学会や大学、教育センター等の研究紀要・論文集・報告書等の掲載論文及び投稿中の論文は不可とする。
3．投稿者は、投稿論文で紹介する事例等における関係者のプライバシーの保護に十分配慮すること。
4．投稿者は、本会会員に限る。共同研究の場合は執筆者全員が会員でなければならない。また、投稿申込年度および当該論文が掲載される年度の年会費が未納の場合は、審査を行わない。なお、投稿本数に関しては、単著、または共著の筆頭の場合は、１本までとする。共著で筆頭でなければ、複数投稿可とする。
5．投稿申込および原稿締切はHP上で広報するが、概ね以下のとおりとする。
　○投稿申込日　　毎年１月末日
　○原稿締切日　　毎年３月末日
　○発　　　行　　毎年11月
6．原稿はB5版用紙を使用し、１ページあたりの分量を21字×40行×２段とし、モノクロ、最大10ページ（註：図版・文献等を含める）とする。
7．原稿には、英文タイトル、５つ以内のキーワード、415字以内の和文要約をつける。また、投稿者の氏名及び所属は記載しない。
8．原稿は６部（コピー可）提出する。掲載が認められた場合には電子データを提出する。なお、原稿は返却しない。
9．原稿のほかに表紙を１部提出する。表紙には、①研究論文か実践研究報告かの別（他領域での掲載の可否について明記する）、②論文タイトル、③英文タイトル、④氏名（フリガナ）、⑤所属、⑥連絡先（郵便番号、住所、電話、FAX、e-mailアドレス）を明記する。
10．論文の文体は「である」調とし、常用漢字、現代かなづかいを用いる。
11．参考文献・引用文献は、「文献」として本文の後にまとめて記載し、文献の著者・執筆者名のアルファベット順に配列する。文献の年号は初版の刊行年（西暦）とする。表記は次ページの例示による。引用文献については、引用箇所の当該ページを示す。参考文献はその限りではない。なお、本文中の表記は、名字（西暦出版年）とする。
　記載例：
　　＜単著本の場合＞
　　　東京太郎（2017）『本タイトル』○○出版　pp.137-138
　　＜章の場合＞
　　　大阪次郎（1999）「第３章 タイトル」編者『本タイトル』○○出版 pp.124-168
　　＜論文の場合＞

福岡三郎（2013）「論文タイトル」『研究誌タイトル』第32号　pp.130-139

＜外国文献の場合＞

Bruner,J.S.（1990）：*Acts of Meaning*. Harvard University Press, Cambridge.

（岡本夏木・仲渡一美・吉村啓子 訳『意味の復権』ミネルヴァ書房 1999）

＊図書のタイトルはイタリック

Juvonen,J.,& Gross,E.F.（2008）：Extending the school grounds? Bullying experiences in cyber-space. *Journal of School Health,78*, pp.496-505.

＊雑誌のタイトルと巻号はイタリック

＜新聞記事の場合＞

日本経済新聞「社説」2016年12月23日付朝刊 12（3）

白河桃子「格差時代の婚活」『朝日新聞』2008年6月2日付朝刊 13（21）

＊朝刊夕刊などの別、版、面を示す

＜WEBに掲載された資料等の場合＞

文部科学省（2011）「教職員のための子どもの健康相談及び保健指導の手引」

<http://www.mext.go.jp/a_menu/kenko/hoken/1309933.htm>（2017年4月3日最終アクセス）

12. 投稿論文の送付は、簡易書留など手元に送付記録が残る方法で行う。
13. 原稿は、投稿申込受付後に指定する投稿先宛に送付するものとする。
14. 投稿された原稿の掲載の採否は、編集委員会の合議によって決定する。査読の結果、内容の変更を求めることがある。

3．日本生徒指導学会機関誌編集委員会

6．日本生徒指導学会学会賞関係

1．日本生徒指導学会表彰制度に関する規程

2019年８月８日制定

（目的）
第１条　生徒指導の発展と充実、会員の活動の活性化と奨励を期し、本規程を設ける。
（学会賞の種類）
第２条　学会賞は、以下の種類とする。
　⑴　学会功労賞
　⑵　研究貢献賞
　　a. 発表部門
　　b. 執筆部門
　⑶　研究奨励賞
　　a. 発表部門
　　b. 執筆部門
　⑷　著作賞
第３条　学会功労賞は、本学会の発展に大きく寄与した会員に授与し、その選考は、当該選考基準に基づき、学会賞選考委員会が行う。
第４条　研究貢献賞は、生徒指導に係る優れた研究や実践を行い、それを本会年次大会での発表や本会機関誌に研究論文・実践研究報告として掲載された会員に授与し、その選考は、当該選考基準に基づき、学会賞選考委員会が行う。
第５条　研究奨励賞は、生徒指導に関する学術的研究や実践的活動を若手会員に奨励するため、本会年次大会での発表や本会機関誌に研究論文・実践研究報告として掲載された会員に授与し、その選考は、当該選考基準に基づき、学会賞選考委員会が行う。
第６条　著作賞は、生徒指導に関する学術書の刊行により本学会の発展に寄与した会員に授与し、その選考は、当該選考基準に基づき、学会賞選考委員会が行う。
（学会賞選考委員会）
第７条　学会賞選考委員会（以下「委員会」という。）を次のとおり定める。
　⑴　委員会は、会長が委嘱する委員５名で構成する。委員の任期は３年とし、再任を妨げない。
　⑵　委員長は、委員の互選によって決める。委員長は、副委員長１名を指名することができる。
　⑶　委員会は、受賞推薦者を各賞の選考基準に従って審査し、若干名を各賞受賞候補者として選考する。
　⑷　委員長は、各賞受賞候補者の選考結果を常任理事会に報告する。
　⑸　常任理事会は、委員会より推薦された各賞受賞候補者から受賞者を選定する。
（学会賞の推薦）
第８条　各賞選考対象者の推薦は、会員または機関誌編集委員会が行う。自薦でも可とする。
第９条　推薦者は、所定の推薦書を本会事務局にメールにて送付し、事務局は資格等の確認後、まとめて委員会委員長に提出する。提出期間は、各受賞基準を満たした本会年次大会の開催お

よび機関誌の発行年度１月～２月末日までとする。

（学会賞の選考基準）

第10条　各賞の選考基準は、次のとおりとする。

⑴　学会功労賞は、次のいずれかに該当する者とする。

①副会長以上の役員を通算10年以上務めた者

②常任理事以上の役員を通算15年以上務めた者

③全国理事・監事以上の役員、及び本会の委員会委員を通算20年以上務めた者

ただし、同年度に複数の役員・委員を兼任している場合においては１年として扱う。

⑵　研究貢献賞は、発表部門と執筆部門を置き、次の受賞基準のうち、①を満たし、②または③のいずれかを満たした者とする。

①推薦年度または推薦前年度に１回以上の発表や論文の掲載がある者

②発表部門は、本会年次大会における自由研究発表で、単独発表者または筆頭発表者として、８回以上（単独発表を３回以上含む）発表をしている者

③執筆部門は、本会機関誌「生徒指導学研究」において、研究論文または実践研究報告として、単著または共著で、３本以上（単著を２本以上含む）掲載された者

⑶　研究奨励賞は、発表部門と執筆部門を置き、次の受賞基準のうち、①、②を満たし、③または④のいずれかを満たした者とする。

①推薦年度または推薦前年度に１回以上の発表や論文の掲載がある者

②受賞前年度の末日で、満45歳以下の者

③発表部門は、本会年次大会の自由研究発表において単独発表者または筆頭発表者として、５回以上の発表をしている者

④執筆部門は、本会機関誌「生徒指導学研究」において、研究論文または実践研究報告として、単著で、１本以上掲載された者

⑷　著作賞は、申請時より３年を遡り、以下のすべての基準を満たした者とする。

①単著で、刊行された学術書であること

②本会機関誌「生徒指導学研究」において、研究論文または実践研究報告として、単著で１本以上掲載された者

③本会年次大会において、単独で２回以上発表をしている者

（授賞と公表）

第11条　各賞の授与式は、授賞年度の年次大会において行う。

第12条　各賞は、「賞状」のみとする。

第13条　各賞の受賞者は、本会ニューズレターおよび本会ホームページに掲載する。

第14条　授賞は、同一人に各賞各部門１回限りとする。

附　則　本規程は、2019年８月８日より施行する。

２．日本生徒指導学会学会賞選考委員会

委 員 長：七條　正典（高松大学）

副委員長：小坂　浩嗣（鳴門教育大学）

委　　員：会沢　信彦（文教大学）

新井　　肇（関西外国語大学）
八並　光俊（東京理科大学）

3．受賞者（2019年度）

学会功労賞
森田　洋司（鳴門教育大学）
山口　　満（筑波大学名誉教授）
若井　彌一（京都光華女子大学）
犬塚　文雄（中京学院大学）
七條　正典（高松大学）
八並　光俊（東京理科大学）
研究貢献賞（発表部門）
三沢　元彦（鶴見大学附属中学・高等学校）
八並　光俊（東京理科大学）
研究貢献賞（執筆部門）
木内　隆生（東京農業大学）
八並　光俊（東京理科大学）
研究奨励賞（発表部門）
中野　真悟（刈谷市立日高小学校）
研究奨励賞（執筆部門）
長谷川祐介（大分大学）
飯田　香織（スクールカウンセラー）
金子恵美子（埼玉純真短期大学）
小沼　　豊（北海道教育大学）
中野　真悟（刈谷市立日高小学校）
宮古　紀宏（国立教育政策研究所）

編集後記

日本生徒指導学会機関誌『生徒指導学研究』第18号をお届けします。本号は、特集論文、研究論文、実践研究報告、書評、資料紹介、学会会務報告から構成されています。

今回の「特集：子どもの“いのち”を守る生徒指導」は、災害、事故、事件など、子どもの生命が脅かされる多くの危機が存在している現状をふまえ、児童生徒の“いのち”（心と身体の安全）を守り、学校を安全と安心を保障する場とするうえで生徒指導に求められる方向性と課題について検討すべく企画されたものです。地震や台風などの自然災害や交通事故はもとより、児童虐待や体罰などの大人による子どもの人権侵害行為も後を絶たない現状がみられます。また一方で、このような外的要因による危機とともに、暴力行為、いじめ、薬物乱用、自傷行為、自殺など、児童生徒自身が内包する危機も深刻な様相を呈しています。

このような状況のなかで、学校および教職員は「児童生徒を“いのち”のリスクから守るために何ができるのか」という問いに対して、生徒指導の観点から検討を加え、今後の方向性と課題について明らかにするために、４名の方にご執筆をお願いいたしました。お忙しい中、快くご執筆賜り貴重な論考をお寄せいただきましたことに深く感謝申し上げます。

投稿論文に関しましては、12本の申し込みがあり、「研究論文」１本、「実践研究報告」２本が掲載可となりました。次号以降、生徒指導の理論と実践の架橋に向けて、優れた研究論文はもとより、生徒指導に携わる者が共有できる実践研究報告が多数寄せられることを願っております。今回論文が掲載されなかった方、投稿を見合わせた方の次号への投稿を期待します。また、ご多忙の中、査読にご協力いただいた査読者の皆様に心より御礼申し上げます。

編集委員会では、投稿論文数を増やし、かつ研究の質を高めるために、「研究論文」と「実践研究報告」の区分の明確化、引用文献の記載方法の統一など、投稿規定の見直しを昨年度行いました。改定した投稿要領は本号にも掲載されていますので、ご覧ください。

『生徒指導学研究』の充実のために、会員の皆様からの忌憚のないご意見やご要望をお待ちしております。どうぞ、当編集委員会または学会事務局までお寄せくださいますようお願い申し上げます。

最後になりましたが、編集委員会の皆様、ならびに編集をご担当いただきました編集幹事の会沢信彦氏、住野好久氏の両理事、また事務局としてサポートいただいた八並光俊氏にこの場をお借りして厚く御礼申し上げます。

<生徒指導学研究・第18号>

2019年11月25日発行

編　集　日本生徒指導学会機関誌編集委員会　委員長／新井肇（関西外国語大学）

発行者　日本生徒指導学会　会長／森田洋司

学会事務局　〒162-8601　東京都新宿区神楽坂1-3　東京理科大学理学部第一部　八並研究室内
E-mail：jagc.sec@gmail.com
郵便振替口座番号　00110-7-670218
ホームページ：http://www.jagc.jpn.org/

発行所　学事出版株式会社
〒101-0021　東京都千代田区外神田2-2-3
☎03-3255-5471　FAX 03-5256-0538　http://www.gakuji.co.jp